T0208522

Gerechter Frieden

Reihe herausgegeben von
Ines-Jacqueline Werkner, Heidelberg, Deutschland
Sarah Jäger, Heidelberg, Deutschland

„Si vis pacem para pacem" (Wenn du den Frieden willst, bereite den Frieden vor.) – unter dieser Maxime steht das Leitbild des gerechten Friedens, das in Deutschland, aber auch in großen Teilen der ökumenischen Bewegung weltweit als friedensethischer Konsens gelten kann. Damit verbunden ist ein Perspektivenwechsel: Nicht mehr der Krieg, sondern der Frieden steht im Fokus des neuen Konzeptes. Dennoch bleibt die Frage nach der Anwendung von Waffengewalt auch für den gerechten Frieden virulent, gilt diese nach wie vor als Ultima Ratio. Das Paradigma des gerechten Friedens einschließlich der rechtserhaltenden Gewalt steht auch im Mittelpunkt der Friedensdenkschrift der Evangelischen Kirche in Deutschland (EKD) von 2007. Seitdem hat sich die politische Weltlage erheblich verändert; es stellen sich neue friedens- und sicherheitspolitische Anforderungen. Zudem fordern qualitativ neuartige Entwicklungen wie autonome Waffensysteme im Bereich der Rüstung oder auch der Cyberwar als eine neue Form der Kriegsführung die Friedensethik heraus. Damit ergibt sich die Notwendigkeit, Analysen fortzuführen, sie um neue Problemlagen zu erweitern sowie Konkretionen vorzunehmen. Im Rahmen eines dreijährigen Konsultationsprozesses, der vom Rat der EKD und der Evangelischen Friedensarbeit unterstützt und von der Evangelischen Seelsorge in der Bundeswehr gefördert wird, stellen sich vier interdisziplinär zusammengesetzte Arbeitsgruppen dieser Aufgabe. Die Reihe präsentiert die Ergebnisse dieses Prozesses. Sie behandelt Grundsatzfragen (I), Fragen zur Gewalt (II), Frieden und Recht (III) sowie politisch-ethische Herausforderungen (IV).

Weitere Bände in der Reihe http://www.springer.com/series/15668

Ines-Jacqueline Werkner ·
Michael Haspel
(Hrsg.)

Bündnissolidarität und ihre friedensethischen Kontroversen

Fragen zur Gewalt · Band 4

 Springer VS

Hrsg.
Ines-Jacqueline Werkner
Heidelberg, Deutschland

Michael Haspel
Erfurt, Deutschland

Gerechter Frieden
ISBN 978-3-658-25159-8   ISBN 978-3-658-25160-4   (eBook)
https://doi.org/10.1007/978-3-658-25160-4

Die Deutsche Nationalbibliothek verzeichnet diese Publikation in der Deutschen
Nationalbibliografie; detaillierte bibliografische Daten sind im Internet über
http://dnb.d-nb.de abrufbar.

Springer VS
© Springer Fachmedien Wiesbaden GmbH, ein Teil von Springer Nature 2019

Springer VS ist ein Imprint der eingetragenen Gesellschaft Springer Fachmedien
Wiesbaden GmbH und ist ein Teil von Springer Nature
Die Anschrift der Gesellschaft ist: Abraham-Lincoln-Str. 46, 65189 Wiesbaden,
Germany

Inhalt

Bündnissolidarität im Widerstreit konkurrierender Friedensnormen
Eine Einführung

Ines-Jacqueline Werkner

1   Einleitung

„Bündnissolidarität ist Teil deutscher Staatsräson" – so ist es im aktuellen Weißbuch der Bundesregierung (2016, S. 49) zu lesen. Damit wird ihr höchste Priorität eingeräumt; sie scheint gesetzt und unhinterfragbar. Dass dies in der politischen Praxis nicht so eindeutig ist, zeigte sehr eindrücklich die deutsche Enthaltung im UN-Sicherheitsrat bei der Abstimmung der Resolution 1973 (im März 2011), mit der die Mitgliedsstaaten ermächtigt wurden, eine Flugverbotszone über Libyen einzurichten und alle notwendigen Maßnahmen zum Schutze der Bevölkerung zu ergreifen. Damit positionierte sich Deutschland – in einer Reihe mit China und Russland – gegen seine westlichen Verbündeten die USA, Großbritannien und Frankreich. In Politik, Medien und Öffentlichkeit wurde die Entscheidung des damaligen Außenministers Guido Westerwelle scharf kritisiert: Der ehemalige CDU-Verteidigungsminister Volker Rühe sprach von einem „schwere[n] Fehler von historischer Dimension mit unvermeidlichen Spätfolgen" (Der Spiegel). In gleicher Weise bewertete Kerstin Müller, die damalige

1

außenpolitische Sprecherin der Grünen im Bundestag, die deutsche Enthaltung als „schwerwiegende Fehlentscheidung" (taz). Die Politikwissenschaftlerin und Leiterin des Berliner Büros des *European Council on Foreign Relations* Ulrike Guérot (Der Freitag) stellte diese gar in den Kontext eines „deutsche[n] Nationalismus". Schließlich kritisierte auch die Presse die Entscheidung als verantwortungslos. Noch nie habe sich Deutschland – so Jörg Lau von der ZEIT – gegen alle seine wichtigen westlichen Partner gestellt. Dagegen erklärte Westerwelle, er habe nicht verantworten können, die Bundeswehr in einen Krieg in Libyen mit hineinzuziehen. Im Rückblick seiner Zeit als Außenminister resümierte er: „In meiner Amtszeit war deutsche Außenpolitik Friedenspolitik." (Der Tagesspiegel)

Auch aus friedensethischer Perspektive scheint die geforderte Bündnissolidarität nicht so eindeutig zu sein wie im Weißbuch veranschlagt. 2013 versuchte die Kammer für Öffentliche Verantwortung der EKD, den Afghanistaneinsatz der Bundeswehr im Lichte des Leitbildes des gerechten Friedens zu bewerten. Dabei erwies sich das Argument der Bündnissolidarität als durchaus kontrovers. So stehen im sogenannten Afghanistanpapier der EKD gegensätzliche Positionen nebeneinander:

> „*Ein Teil der Kammer* würdigt zwar die Einbindung des Afghanistan-
> einsatzes in die internationale Gemeinschaft, bestreitet aber, dass
> der Gesichtspunkt der Bündnissolidarität im Zweifelsfall Vorrang
> haben darf vor friedensethischen rechtlichen Selbstbindungen. *Ein*
> *anderer Teil der Kammer* betont, dass sich durch diese Einbindung
> in einen multilateralen Einsatz Erfordernisse gegenseitiger Rück-
> sichtnahme ergeben, die sich nicht immer leicht mit den eigenen
> politischen und ethischen Auffassungen vereinbaren lassen, gleich-
> wohl aber im Blick auf die Gesamtsituation von Gewicht sind."
> (EKD 2013, Ziff. 10, Hervorh. d. Verf.)

Abschließend kommt die Kammer für Öffentliche Verantwortung lediglich in dem Punkt überein, „dass Wertung und Reichweite der ‚Bündnissolidarität' künftig genau zu prüfen sind" (EKD 2013, Ziff. 10). Dieses Statement bleibt unbestimmt und lässt noch keine substanziellen Aussagen für künftige internationale Einsätze der Bundeswehr zu. Ziel dieses Bandes ist es daher, in Fortführung und Vertiefung dieser Debatten den Fokus auf das Argument der Bündnissolidarität zu richten und die in diesem Kontext existierenden Spannungen verschiedener Friedensnormen[1] und deren friedensethische Konsequenzen in den Blick zu nehmen und zu diskutieren.

2 Bündnissolidarität im Lichte politisch-militärischer Kultur

2.1 Zum Konzept politisch-militärischer Kultur

Debatten um staatliche Handlungsmaxime (wie die Bündnissolidarität) und widerstreitende Friedensnormen lassen sich in den Kontext politisch-kultureller Zugänge stellen und dort fruchtbar machen. Auch wenn diese in der Außen- und Sicherheitspolitik lange Zeit vernachlässigt wurden, wird seit dem Ende des Kalten Krieges von einer „renaissance of interest in culture in security studies" (Desch 1998, S. 149) gesprochen. Mit dieser Akzentuierung erhält die politische Kultur im Bereich der Internationalen Beziehungen und der Außen- und Sicherheitspolitik den Status einer erklärenden Variablen (vgl. Florack 2005, S. 10f.).[2]

---

1 Friedensnormen bezeichnen „die in einer Gemeinschaft sittlich gebotenen und/oder unter den Betroffenen vereinbarten Handlungsanweisungen, die auf die Aufrechterhaltung, Förderung oder Stärkung des Friedens zielen" (Dembinski 2017, S. 706).

2 Dieses Kapitel stützt sich auf Werkner (2006, S. 114ff.).

In ihrer allgemeinsten Form bedeutet politische Kultur die sub-
jektive Dimension der gesellschaftlichen Grundlagen politischer
Systeme (vgl. Berg-Schlosser 1989, S. 746). Den Terminus prägte
der US-amerikanische Politologe Gabriel A. Almond (1956, S. 396)
als „a particular pattern of orientations to political action". In
dieser ersten Phase standen Einstellungen und Verhaltensweisen
zum politischen System, seinen Institutionen und Aktionen im
Mittelpunkt. In einer zweiten Phase der politischen Kulturfor-
schung erfolgte eine Ausdehnung auf historische Erfahrungen,
politisch gewachsene Traditionen und die Identität einer Nation.
Zunehmend gewinnen – als ein weiterer Wesensgehalt politischer
Kultur – Normen als „collective expectations about proper behavior
for a given identity" (Jepperson et al. 1996, S. 54) an Bedeutung.
    Im Bereich der Außen- und Sicherheitspolitik stehen verschie-
dene Modelle zur Verfügung. Diese unterschiedlichen Ansätze
und Begriffe reichen von „strategischer Kultur" (u. a. Snyder 1977;
Klein 1991; Johnston 1995; Lantis 2002) über „politisch-militärische Kultur" (Berger 1996, 1998) bis hin zu „außenpolitischer
Kultur" (Maull 2001), „nationaler Sicherheitskultur" (Duffield 1998,
S. 61ff.) und „sicherheitspolitischer Kultur" (Florack 2005). Eine
einheitliche Definition existiert nicht. Allen Modellen gemeinsam
ist ihr sozialkonstruktivistischer Ansatz[3] mit der Hervorhebung
der Bedeutung von Kultur, Normen, Identität und Werten für
politisches Handeln (vgl. u. a. Siedschlag 2003; Florack 2005,
S. 10f.). In diesem Sinne verstehen sich alle genannten Ansätze

---

3   Der Sozialkonstruktivismus stellt eine Gegenposition zu rationa-
    listischen Ansätzen dar. Er geht davon aus, dass die internationale
    Umwelt sozial konstruiert ist. Danach sind die Präferenzen von
    Staaten nicht gegeben, sondern werden durch Ideen, Normen und
    Werte vorgeprägt. Die Dispositionen ändern sich: Der Fokus der
    Betrachtung liegt nicht mehr in der Zweckrationalität, sondern in
    der sozialen Angemessenheit von Handlungen (vgl. Wendt 1992).

als eine Teilmenge der politischen Kultur, inhaltlich bezogen
auf den Kontext von Krieg und Militär (das umfasst in der Regel
Ansätze der politisch-militärischen oder strategischen Kultur)
beziehungsweise weiter gefasst auf die Gesamtheit der Außen- und
Sicherheitspolitik (insbesondere bei Ansätzen der außenpolitischen
oder [nationalen] Sicherheitskultur vorzufinden).

2.2   Politisch-militärische Traditionsbestände in Deutschland

Jede politische Kultur fußt auf Traditionsbestände, „auf Kon-
tinuitäten des historischen und politischen Bewußtseins und
Verhaltens, die sich von der Vergangenheit bis in die Gegenwart
hinein mehr oder weniger wirksam erhalten haben" (Sontheimer
1990, S. 14). Für Deutschland tun sich hier Schwierigkeiten auf,
wovon Redewendungen wie „brüchige Tradition" oder „verspätete
Nation" zeugen (Greiffenhagen 2002, S. 471). Alle vorangegangenen
Epochen – Preußen und die Kaiserzeit, die Weimarer Republik
und der Nationalsozialismus – dienen heute nicht der nationalen
Identifikation. Politische Tradition in der Bundesrepublik ist nicht
durch eine relative Stabilität und Kontinuität gekennzeichnet,
sondern durch viele Umbrüche, Verwerfungen und historische
Einschnitte geprägt worden (vgl. auch Sontheimer 1990, S. 34f.).
   Zu einer wesentlichen Traditionslinie der deutschen politischen
Kultur vor 1945 gehörte die militärische Orientierung. „Die Deutschen hatten ein Faible für alles Militärische" (Bergem 1993, S. 95).
Diese Tradition begründete sich aus der Geschichte Preußens. Die
erreichte Größe und Macht verdankte Preußen seiner Armee. So
verband sich die nationale Identität mit dem Stolz auf das Militär.
Das Militär wurde in Preußen zur Schule der Nation und der Offizier zum gesellschaftlichen Leitbild. Der Krieg wurde dabei als

historische Notwendigkeit erachtet und mythisch überhöht (vgl. Roth 1985, S. 15f.; Bergem 1993, S. 95ff.; Greiffenhagen 2002, S. 472f.). Hinsichtlich politisch-militärischer Traditionsbestände steht die Zeit der Weimarer Republik für die negative Entwicklung der Armee zum Staat im Staate, das heißt für die Abkopplung des Militärs von der Republik und seiner Verfassung, verbunden mit der Mitverantwortung der Reichswehr an der Machtergreifung Hitlers (vgl. Berger 1996, S. 334). Dieser militärische Traditionsbruch war in erster Linie in einem Loyalitätsproblem begründet. Während das Offizierskorps in Preußen emotional und vernunftmäßig hinter dem Reich und dem Kaiser und damit der gesamten Staatsordnung stand, war das Offizierskorps in der Reichswehr noch stark monarchistisch geprägt und der Republik und seiner Verfassung gegenüber eher gleichgültig eingestellt (vgl. Hermann 1979, S. 373).

Der tiefe historische Einschnitt, der die politische und speziell auch die politisch-militärische Kultur in der Bundesrepublik nachhaltig prägte, war der Nationalsozialismus. Die Bundesrepublik konnte sich als politisches Gemeinwesen nur etablieren, wenn sie von ihren politischen Traditionen, die zu diesem Desaster geführt hatten, abrückte. In der Folge wurden nationalistische, militaristische und antidemokratische Traditionen bewusst unterdrückt (vgl. Sontheimer 1990, S. 35).

2.3   Normen deutscher Außen-, Sicherheits- und Verteidigungspolitik

Vor dem Hintergrund dieser politisch-militärischen Traditionslinien, insbesondere der historischen Erfahrungen mit dem Nationalsozialismus, entwickelte sich nach 1945 in der Bundesrepublik eine Politik der Zurückhaltung. Diese stützte sich auf drei handlungsleitende Normen der deutschen Außen- und Sicherheitspolitik: auf den Antimilitarismus, den Multilateralismus sowie die Integration und Westbindung (vgl. Berger 1996, S. 338; Duffield 1998, S. 60ff.; Maull 2001, S. 651ff.; Florack 2005, S. 45f.). Mit der Norm des Antimilitarismus verbunden war der friedensethisch motivierte Appell „Nie wieder Krieg!". Das bedeutete eine Skepsis gegenüber militärischer Macht und der Anwendung militärischer Mittel in der Politik. Militär als ein Instrument der Außenpolitik wurde zumindest bis 1990 kategorisch abgelehnt. Mit dem Multilateralismus und der damit eng verbundenen europäischen Integration und Westorientierung wurden außenpolitisch verschiedene Ziele verfolgt: Einmal wurden auf diese Weise deutsche Sonderwege und Alleingänge verhindert. Die Bundesrepublik wurde in die westeuropäische und transatlantische Gemeinschaft hineingenommen, verbunden mit einer starken Allianzbindung in EU und NATO. Zum anderen führte die europäische Integration nicht nur zur Überwindung des Nationalismus und antidemokratischer Strukturen, sondern gab der Bundesrepublik nach ihren Erfahrungen mit dem Nationalsozialismus auch die Chance einer neuen nationalen beziehungsweise europäischen Identität.

In der zweiten Hälfte der 1990er Jahren gerieten diese Normen unter Anpassungsdruck. In der Folge lässt sich ein „gestiegene[s], aber durchaus verantwortungsorientierte[s] und moderate[s] Selbstbewusstsein" (Maull 2001, S. 655) erkennen. Deutschland übernimmt inzwischen eine größere regionale und globale Verantwortung. Damit hat sich die außen- und sicherheitspolitische Kultur um eine neue Komponente erweitert (vgl. Duffield 1998, S. 68; Maull 2001, S. 656). Die oben identifizierten Grundlagen und Normen bestehen aber in wesentlichen Aspekten weiter fort. Die Bedeutung des Multilateralismus und der europäischen Integration ist unverändert geblieben. Letztlich zeugt davon auch die „jeden Sonderweg vermeidende deutsche Beteiligung am Kosovo-Krieg 1999 mit dem ersten Kampfeinsatz der Bundeswehr" (Bergem 2002,

S. 196). Dabei wird die Bündnissolidarität mit dem Argument der gestiegenen Verantwortung Deutschlands verknüpft. In dieser Konstellation tritt dann allerdings die Norm des Multilateralismus in Konkurrenz zu der des Antimilitarismus. Dieses Spannungsverhältnis wird gelöst durch eine zunehmende Verschiebung der Handlungsaufforderung von „Nie wieder Krieg!" zu „Nie wieder Auschwitz!" (Joschka Fischer), verbunden mit der Aufforderung, Aggressoren deutlich entgegenzutreten (vgl. Florack 2005, S. 50ff., 130ff.). Die grundsätzliche Skepsis gegenüber militärischen Mitteln in der Politik ist im Kern aber geblieben, was sich beispielsweise an der Ablehnung des Irakkrieges oder aber an der oben erwähnten deutschen Enthaltung bei der Abstimmung im UN-Sicherheitsrat zum Libyeneinsatz zeigte. Angesichts dieser Konstellation konstatiert auch Michael Schwab-Trapp (2002, S. 118), dass die Bündnissolidarität implizit gegen das Gebot der militärischen Selbstbeschränkung ausgespielt werde.

3   Zu diesem Band

Vor diesem Hintergrund reflektiert der Band das Spannungsverhältnis der beiden dominierenden politischen Handlungsmaximen der deutschen Außen- und Sicherheitspolitik: einerseits die militärische Zurückhaltung – und dafür spricht auch die rechtliche Regelung der Bundeswehr als Parlamentsarmee – und andererseits die auf Multilateralismus und Westbindung basierte Bündnissolidarität.

Matthias Dembinski untersucht das Spannungsverhältnis zwischen Bündnissolidarität und einer Kultur der Zurückhaltung beziehungsweise einer Ausrichtung am Ideal der Zivilmacht aus politikwissenschaftlicher Perspektive. Ausgehend von drei zentralen Theorieschulen der Internationalen Beziehungen – dem politischen Realismus, dem Konstruktivismus und dem Neo-Institutionalismus

- und ihrer Anwendung auf militärische Bündnisse beziehungsweise Sicherheitsarrangements diskutiert der Autor die Einbettung Deutschlands in transatlantische und europäische Strukturen.

Heiko Biehl analysiert das Spannungsverhältnis zwischen Bündnissolidarität und militärischer Zurückhaltung aus empirischer Perspektive. Mittels des Konzeptes der strategischen Kultur werden die Positionen der (sicherheits-)politischen Eliten und die Präferenzen der Bevölkerung wie auch ihre Wechselbeziehungen einer Analyse unterzogen. Diese führen – so der Autor – „zu einer Stabilisierung der bundesrepublikanischen strategischen Kultur". Ausgehend von diesem Befund geht Biehl der Frage nach, wie unter diesen Bedingungen dennoch ein sicherheitspolitischer Wandel möglich ist.

Der Beitrag von *Nina Leonhard* schließt hier unmittelbar an. Sie untersucht anhand empirischer militärsoziologischer Befunde, wie Soldatinnen und Soldaten ihr Tun bewerten und welche Maximen für sie von Bedeutung sind. Diese Frage zeigt eine besondere Relevanz auf, scheint der politisch-normative Rahmen in deutlicher Spannung zum soldatischen Berufsbild und zur Rolle des Militärs als Inhaber des staatlichen Gewaltmonopols zu stehen. Dabei gelangt die Autorin zu dem Ergebnis, dass eine „Annäherung an diejenigen militärischen Standards und Werte" stattgefunden habe, „die von den verbündeten Streitkräften allgemein geteilt werden". Dies spiegele den Wandel der politischen Kultur des Krieges in Deutschland wider, wobei die Bundeswehr durchaus aber auch einer eigenen Logik folge.

Björn Budde beleuchtet die Genese des Begriffs in der deutschen Außen- und Sicherheitspolitik. Er zeichnet die historische Verwendung des Begriffs nach und untersucht die Motivation der deutschen Teilnahme am Afghanistaneinsatz entlang dreier Solidaritätsprinzipien: des Bindungs-, des Bedürftigkeits- sowie des Anstrengungsprinzips. Dabei gelangt der Autor zu dem Schluss, dass Deutschlands Bündnissolidarität „durchaus individuelle, an den eigenen außen- und wirtschaftspolitischen Interessen orientierte" Züge trage.

Christian Marxsen nimmt das Thema der Bündnissolidarität juristisch in den Blick. Der Autor analysiert die völkerrechtlichen Rahmenbedingungen und verfassungsrechtlichen Grundlagen, die mit Bündniskooperationen und Auslandseinsätzen der Bundeswehr einhergehen. In seiner Problemdiagnose zeigt er auf, dass militärische Einsätze häufig vorschnell – und ohne eine völker- und verfassungsrechtliche Basis zu besitzen – mit dem Argument der Bündnissolidarität legitimiert werden.

In einer abschließenden Synthese nimmt *Michael Haspel* die zentralen Argumentationslinien der vorliegenden Texte und fragt nach ihren friedensethischen Implikationen. Dabei führe „die unausgesprochene Logik des ‚So wenig wie möglich – so viel wie nötig‘" dazu, dass weder eine außen- und sicherheitspolitische Gesamtkonzeption noch normative Kriterien entwickelt werden, mittels derer die Legitimität militärischer Einsätze gemessen werden könne. Zudem stoße diese Logik bei einer potenziell zu erwartenden verstärkten europäischen Kooperation an ihre Grenzen. Vor diesem Hintergrund plädiert der Autor für die Förderung eines transnationalen friedensethischen Diskurses und verweist auf die Rolle, die den Kirchen hierbei zukomme.

Literatur

Almond, Gabriel A. 1956. Comparative Political Systems. *Journal of Politics* 18: 391–409.

Bergem, Wolfgang. 1993. *Tradition und Transformation. Eine vergleichende Untersuchung zur politischen Kultur in Deutschland*. Opladen: Westdeutscher Verlag.

Bergem, Wolfgang. 2002. Identität. In *Handwörterbuch zur politischen Kultur der Bundesrepublik Deutschland*, hrsg. von Martin Greiffenhagen und Sylvia Greiffenhagen, 192–200. 2. überarb. u. akt. Aufl. Wiesbaden: Westdeutscher Verlag.

Berger, Thomas U. 1996. Norms, Identity, and National Security in Germany and Japan. In *The Culture of National Security: Norms and Identity in World Politics*, hrsg. von Peter J. Katzenstein, 317–356. New York: Columbia University Press.

Berger, Thomas U. 1998. *Cultures of Antimilitarism: National Security in Germany and Japan*. Baltimore: Johns Hopkins University Press.

Berg-Schlosser, Dirk. 1989. Politische Kultur. In *Pipers Wörterbuch zur Politik. Bd. 1: Politikwissenschaft. Theorien – Methoden – Begriffe*, hrsg. von Dieter Nohlen und Rainer-Olaf Schultze, 746–751. 3. Aufl. München: Piper.

Dembinski, Matthias. 2017. Friedensnormen und Bündnissolidarität im Widerstreit? In *Handbuch Friedensethik*, hrsg. von Ines-Jacqueline Werkner und Klaus Ebeling, 703–714. Wiesbaden: Springer VS.

Desch, Michael C. 1998. Culture Clash. Assessing the Importance of Ideas in Security Studies. *International Security* 23 (1): 141–170.

Die Bundesregierung. 2016. *Weißbuch zur Sicherheitspolitik und zur Zukunft der Bundeswehr*. Berlin: BMVg.

Duffield, John S. 1998. *World Power Forsaken. Political Culture, International Institutions, and German Security Policy after Unification*. Stanford: Stanford University Press.

Evangelische Kirche in Deutschland (EKD). 2013. „Selig sind die Friedfertigen". *Der Einsatz in Afghanistan: Aufgaben evangelischer Friedensethik. Eine Stellungnahme der Kammer für Öffentliche Verantwortung der EKD*. Hannover: Kirchenamt der EKD.

Florack, Martin. 2005. *Kriegsbegründungen. Sicherheitspolitische Kultur in Deutschland nach dem Kalten Krieg*. Marburg: Tectum Verlag.

Greiffenhagen, Martin. 2002. Politische Tradition. In *Handwörterbuch zur politischen Kultur der Bundesrepublik Deutschland*, hrsg. von Martin Greiffenhagen und Sylvia Greiffenhagen, 471–477. 2. überarb. u. akt. Aufl. Wiesbaden: Westdeutscher Verlag.

Hermann, Carl Hans. 1979. *Deutsche Militärgeschichte. Eine Einführung.* 3. Aufl. München: Bernhard & Graefe.

Jepperson, Ronald L., Alexander Wendt und Peter J. Katzenstein. 1996. Norms, Identity, and Culture in National Security. In *The Culture of National Security: Norms and Identity in World Politics*, hrsg. von Peter J. Katzenstein, 33–75. New York: Columbia University Press.

Johnston, Alastair I. 1995. *Cultural Realism. Strategic Culture and Grand Strategy in Chinese History.* Princeton: Princeton University Press.

Klein, Yitzhak. 1991. A Theory of Strategic Culture. *Comparative Strategy* 10 (1): 3–23.

Lantis, Jeffrey S. 2002. Strategic Culture and National Security Policy. *International Studies Review* 4 (3): 87–113.

Maull, Hanns W. 2001. Außenpolitische Kultur. In *Deutschland-Trend-Buch. Fakten und Orientierungen*, hrsg. von Karl-Rudolf Korte und Werner Weidenfeld, 645–672. Opladen: Leske + Budrich.

Roth, Roland. 1985. Auf dem Wege zur Bürgergesellschaft? Argumente und Thesen zur politischen Kultur der Bundesrepublik. In *Experiment: Politische Kultur. Berichte aus einem neuen gesellschaftlichen Alltag*, hrsg. von Gerd Koch, 10–25. Frankfurt a.M.: Extrabuch.

Schwab-Trapp, Michael. 2002. *Kriegsdiskurse. Die politische Kultur des Krieges im Wandel 1991–1999.* Wiesbaden: Springer Fachmedien.

Siedschlag, Alexander. 2003. Der „kulturelle Faktor" in der Sicherheitspolitik. In *Reader Sicherheitspolitik*, hrsg. vom Streitkräfteamt, Informations- und Medienzentrale der Bundeswehr, 90–104. http://www.reader-sipo.de. Zugegriffen: 17. März 2004.

Snyder, Jack. 1977. *The Soviet Strategic Culture: Implications for Nuclear Options.* Santa Monica: RAND Corporation Reports.

Sontheimer, Kurt. 1990. *Deutschlands Politische Kultur.* München: Piper.

Wendt, Alexander. 1992. Anarchy is What States Make of It: The Social Construction of Power Politics. *International Organization* 46 (2): 391–425.

Werkner, Ines-Jacqueline. 2006. *Wehrpflicht oder Freiwilligenarmee? Wehrstrukturentscheidungen im europäischen Vergleich.* Frankfurt a.M.: Peter Lang.

Deutsche Sicherheitspolitik im Spannungsverhältnis zwischen Friedensnormen und Bündnissolidarität

Eine politikwissenschaftliche Perspektive

Matthias Dembinski

1 Einleitung

Die Bündnissolidarität einerseits und eine Kultur der Zurückhaltung beziehungsweise eine Ausrichtung am Ideal der Zivilmacht andererseits (vgl. Kirste und Maull 1996) zählen zu den Grundnormen deutscher Außen- und Sicherheitspolitik. So stellt etwa das jüngste Weißbuch lapidar fest: „Bündnissolidarität ist Teil der deutschen Staatsräson" (BMVg 2016, S. 49). Und auch die Kultur der Zurückhaltung steht trotz des Bekenntnisses Berliner Entscheidungsträger und -trägerinnen zur internationalen Verantwortung Deutschlands nicht infrage.

Bis weit in die 1990er Jahre hinein befanden sich die Bündnissolidarität und die Orientierung an Friedensnormen in einem harmonischen Verhältnis. So hatte gerade die Einbettung deutscher Streitkräfte in die multilateralen Strukturen des nordatlantischen Bündnisses und der Europäischen Union der Logik nationaler Selbsthilfe und Interessendurchsetzung und damit der kriegstreibenden Wirkung des Sicherheitsdilemmas einen verlässlichen Riegel vorgeschoben.

© Springer Fachmedien Wiesbaden GmbH, ein Teil von Springer Nature 2019
I.-J. Werkner und M. Haspel (Hrsg.), *Bündnissolidarität und ihre friedensethischen Kontroversen*, Gerechter Frieden, https://doi.org/10.1007/978-3-658-25160-4_2

Dass beide Grundnormen in ein Spannungsverhältnis geraten können, wurde spätestens mit dem Afghanistaneinsatz sichtbar und auch im kirchlichen Raum breit diskutiert (vgl. EKD 2014, Ziff. 10). Ein Spannungsverhältnis zwischen beiden prägte ebenso die Entscheidungsprozesse und Diskussionen bei späteren Interventionsentscheidungen etwa 2003 (Irak) und 2011 (Libyen). In allen drei Fällen forderten die Partner Deutschlands im Namen der Bündnissolidarität ein Mitmachen ein. Dagegen folgte ein großer Teil der Öffentlichkeit und der politischen Entscheidungsträger und -trägerinnen friedenspolitischen Normen und beurteilte die Beteiligung an diesen Einsätzen kritisch bis ablehnend. Die Brisanz dieses Spannungsverhältnisses steht also außer Frage. Seine Bedeutung dürfte sogar noch in dem Maße zunehmen, in dem sich Deutschland – wie im Rahmen von NATO und EU beschlossen – auf eine transnationale und arbeitsteilige rüstungsindustrielle Zusammenarbeit einlässt und durch *Pooling* und *Sharing* (vgl. Heidenkamp 2014, S. 237) oder andere Verfahren der Spezialisierung und Arbeitsteilung auch im Bereich der Streitkräftestrukturen Verbundfähigkeiten entstehen. Derartige Fähigkeiten zeichnen sich dadurch aus, dass die Verfügung einzelner Elemente für das Funktionieren des ganzen Verbundes unabdingbar ist und diese Elemente gleichzeitig als nationale Beiträge zum Verbund erkennbar bleiben (vgl. Deutscher Bundestag 2015, S. 4). Das offenkundige Problem: Integrierte Strukturen wie etwa die Flotte der AWACS-Frühwarn- und Kontrollflugzeuge der NATO schaffen Einsatzzwänge. Dadurch geraten die Mitgliedsstaaten eines Bündnisses in die Situation, sich auch gegen ihren Willen an Operationen des Bündnisses zu beteiligen oder die Handlungsfähigkeit aller anderen zu blockieren.

Dennoch ist die Literatur zu der Frage, ob die Einbettung Deutschlands in multilaterale Bündnisse auch dunkle Seiten haben und Verpflichtungen erzeugen könnte, die der eigenen normativen Orientierung entgegenlaufen, überschaubar. Intensiver diskutiert wurde nur ein Aspekt dieses Spannungsverhältnisses, nämlich die Frage, ob der Parlamentsvorbehalt beim Einsatz von Streitkräften im Interesse der Bündnisverpflichtung und Bündnissolidarität aufgeweicht werden solle. Einschlägig ist hier neben einer Reihe völkerrechtlicher (vgl. Kielmansegg et al. 2018) und politikwissenschaftlicher Beiträge (vgl. Gareis 2010; Brose 2013; Wagner 2013) insbesondere der Abschlussbericht der Kommission zur Überprüfung und Sicherung der Parlamentsrechte bei der Mandatierung von Auslandseinsätzen der Bundeswehr (vgl. Deutscher Bundestag 2015).

Weitgehend unbestritten ist, dass es ein solches Spannungsverhältnis gibt. Umstritten ist, wie gewichtig es ist, wie es entsteht, wie es zu bewerten und mit ihm umzugehen ist. Eine Position in der politischen Debatte beschreibt das Spannungsverhältnis zwischen der Bündnissolidarität und Friedensnormen als gravierend. So urteilt Markus Kaim (2007, S. 46f.), Deutschland sei in Bezug auf die Entscheidung zu Auslandseinsätzen in eine Multilateralismusfalle gestolpert:

> „Die multilateralen sicherheitspolitischen Institutionen, allen voran die NATO, tragen in puncto Auslandseinsätze solch hohe Erwartungen an die Bundesrepublik heran, dass ein ergebnisoffener Verhandlungsprozess innerhalb der Allianz [...] gar nicht in Frage kommt" (Kaim 2007, S. 46f.).

Tatsächlich sei es so, dass „der Multilateralismusdiskurs [...] die Entscheidungen der deutschen Verfassungsorgane letztlich determiniert" (Kaim 2007, S. 46f.; vgl. hierzu auch den Beitrag von Björn Budde in diesem Band). Zu einer ähnlichen Einschätzung, wenn auch vorsichtiger formuliert und anders begründet, gelangt Anna Geis (2007, S. 46):

„Die tiefe Integration der Bundeswehr in multilaterale Truppen
bringt so auch eine gewisse Verpflichtung mit sich, an Einsätzen,
die von Partnerstaaten gewollt sind, schon aus bündnistaktischen
Gründen teilzunehmen."

Eine andere Position konstatiert ebenfalls ein Spannungsverhältnis,
glaubt aber einerseits, dass die Anforderungen, die von den anderen
Bündnismitgliedern an Deutschland herangetragen werden, nicht
in einem scharfen Gegensatz zu den deutschen friedenspolitischen
Normen stehen, und andererseits, dass die deutschen Bündnismitgliedschaften hinreichend Flexibilität lassen, einen eigenständigen
Kurs zu verfolgen. Angesichts der großen Vorteile und Gewinne,
die Deutschland aus seinen Bündnismitgliedschaften ziehe, spreche
vieles dafür, die überschaubaren Spannungen auszuhalten und
Zielkonflikte fallspezifisch aufzulösen. Diese Position teilt die oben
genannte Kommission, die ihre Vorschläge im Wesentlichen auf
eine Ausweitung der Informationsmöglichkeiten und -rechte des
Parlaments beschränkt.

Wie also steht es aus politikwissenschaftlicher Perspektive um
dieses Spannungsverhältnis? Um hier eine Antwort zu geben, widmet sich der Beitrag zunächst den Begriffen Bündnissolidarität und
Friedensnormen. Dem disziplinären Standard folgend werden in
einem zweiten Schritt drei zentrale Theorieschulen der Internationalen Beziehungen auf militärische Bündnisse beziehungsweise
Sicherheitsarrangements angewandt. In einem weiteren Schritt
diskutiert der Beitrag, wie sich diese theoretischen Ergebnisse
in Bezug auf die Einbettung Deutschlands in transatlantische
(NATO) und europäische Strukturen (Gemeinsame Sicherheits-
und Verteidigungspolitik) konkretisieren lassen. Das abschließende
Fazit ordnet die Befunde ein und bewertet sie im Lichte der obigen
Leitfrage.

2   Bündnissolidarität und Friedensnormen

Militärische Bündnisse zeichnen sich im Gegensatz zu ad hoc-Arrangements durch den Versuch aus, das Zusammenwirken ihrer Mitglieder über die spontane Kooperation hinaus zu verstetigen. Bündnisse sind also spezifische internationale Institutionen, die im Politikfeld Sicherheit Regeln festlegen, Erwartungen schaffen und Verhalten beschränken. Bündnissolidarität ist eine solche Regel. Da Bündnisse zuerst internationale Institutionen darstellen, können sie und ihre Wirkungen am ehesten mit Hilfe des analytischen Instrumentariums institutioneller Theorien beleuchtet werden. Diese Forschung diskutiert ein dem unseren eng verwandtes Spannungsverhältnis, nämlich das zwischen institutioneller Kohäsion und Effektivität einerseits und mitgliedsstaatlicher Autonomie andererseits. Entsprechend hilft diese Forschung das Puzzle besser zu verstehen, wie und durch welche Mechanismen Bündnisse ihre Mitgliedsstaaten auf ein bestimmtes Verhalten verpflichten können, obwohl die Staaten freiwillig beigetreten sind und bei der Formulierung der Regeln bestimmenden Einfluss ausüben.

Der Begriff der Friedensnormen wird hier der Einführung dieses Bandes folgend im Sinne einer spezifischen sicherheitspolitischen oder strategischen Kultur verstanden. Das Konzept der strategischen Kultur hat eine lange Tradition, und David Haglund (2011) unterscheidet in dieser Forschung zwei Generationen: Während die erste Generation Kultur als Kontext verstand, das heißt als ein nicht hintergehbares System von Verstehen, Traditionen und Handeln, das durch Interaktion geschaffen wurde und der materiellen Welt Bedeutung verleiht (vgl. Gray 1999), sehen Vertreter der zweiten Generation Kultur als *ideational milieu*, das nur relativ stabil ist und das Verhalten lediglich begrenzt, aber nicht festlegt. Strategische Kultur ist in diesem Verständnis ein Faktor, der Verhalten kausal beeinflusst und folglich von Verhal-

ten unterscheidbar und in seiner Wirkung beobachtbar ist (vgl.
Johnston 1995). Diesem zweiten Verständnis folgend verstehe ich
hier unter Sicherheitskultur die Diskurse, in denen individuelle
Akteure kollektiv beständige Präferenzen über die Rolle, Legitimität und Wirksamkeit eines spezifischen Ansatzes zum Schutz
von sicherheitsrelevanten Werten reproduzieren.

Die spezifische Sicherheitskultur Deutschlands genau zu bestimmen, kann und soll hier nicht geleistet werden. Es genügt der
Verweis, dass die Charakterisierung Deutschlands als Zivilmacht
auf ein regelbasiertes Verhalten hinweist, aber nicht bedeutet,
deutsche Sicherheitspolitik sei pazifistisch. Mit dem Konzept der
Zivilmacht vereinbar ist durchaus auch der Einsatz militärischer
Mittel, allerdings nur in Form einer menschenrechtsschützenden
und rechtserhaltenden Gewalt. Wichtiger ist die (zu problemati-
sierende) Vermutung, eine deutsche Sicherheitskultur entwickle
sich im nationalen Container und unterscheide sich von den
Sicherheitskulturen der deutschen NATO- und EU-Partner. Wie
in der Einleitung angedeutet, ergeben sich Spannungen zwischen
der Bündnissolidarität und Friedensnormen vor allem in Bezug
auf Auslandseinsätze der Bundeswehr. Sie können darüber hinaus
eine Reihe weiterer Fragen wie die Höhe der Verteidigungsausgaben betreffen.

3 Theoretische Annäherungen: Allianzen, Sicherheitsgemeinschaften und Sicherheitsinstitutionen

Drei politikwissenschaftliche Großtheorien befassen sich intensiv
mit Sicherheitsarrangements und haben eine je eigene Sicht auf
unser Spannungsverhältnis: der politische Realismus, der Konstruktivismus und der Neo-Institutionalismus.

Der *politische Realismus* begreift Sicherheitsarrangements als Allianzen oder Organisationen der kollektiven Verteidigung. Ausgehend von der Grundprämisse, dass die Anarchie und der hohe Grad an Unsicherheit im internationalen System Staaten zur Selbsthilfe zwingt, hält er eine dauerhafte und institutionalisierte Kooperation insbesondere im Bereich der *high politics*[1] für unwahrscheinlich. Allianzen entstünden als Antwort auf gravierende Machtungleichgewichte (vgl. Liska 1962). Entsprechend geringer gewichtet er die Bedeutung von sub-systemischen Faktoren wie gemeinsamen Ideologien (vgl. Walt 1987) bei der Bildung und dem Management von Bündnissen. Selbst wenn Allianzen zustande kommen, blieben sie aufgrund der Struktur des internationalen Systems fragil und gleich in dreifacher Weise bedroht: Erstens durch die Versuchung der Mitglieder zum *freeriding;* zweitens durch das von Glenn Snyder (1997) formulierte Allianzdilemma zwischen der Sorge, im Ernstfall im Stich gelassen zu werden, und der Befürchtung, von den Bündnispartnern ungewollt in deren militärische Konflikte verstrickt zu werden. Dieses Dilemma verweist darauf, dass sich Allianzen durch das Drehen an zwei Stellschrauben gestalten lassen. Zum einen bestehen sie aus einem rhetorischen Gerüst wechselseitiger Versprechungen für einen Eventualfall, zum anderen aus gemeinsamen militärischen Strukturen und Planungen. Rhetorische Verpflichtungen und militärische Strukturen können integrativer gestaltet sein und die Handlungsfähigkeit und Effektivität der Organisation stärken oder lockerer sein und die Autonomie der Mitgliedsstaaten schonen. Drittens erwartet dieser Forschungsstrang, dass Allianzen nur unter dem Eindruck äußerer Bedrohung integrativer ausgestaltet werden, institutionellen *pull*

---

[1] Die Begriffe *high* und *low politics* unterscheiden Politikfelder mit unmittelbarer sicherheitspolitischer Relevanz im traditionellen Sinne wie die Verteidigungspolitik und solche mit nur mittelbarer Relevanz wie etwa die Außenwirtschafts- oder Umweltpolitik.

erzeugen und die Mitgliedsstaaten verpflichten können. Ohne äußere Bedrohung gewännen dagegen die zentrifugalen Kräfte die Oberhand und lösten sich Bündnisse auf. Einige Forscher und Forscherinnen gehen davon aus, dass hegemonial gestaltete Bündnisse eher in der Lage sind, diese Fliehkräfte einzufangen. Dazu muss ein großes Mitgliedsland öffentliche Güter bereitstellen, Verhaltensregeln durchsetzen, gleichzeitig aber auch die Interessen der kleineren Bündnispartner mit berücksichtigen. Im Gegenzug seien diese dann auch bereit, ihre Autonomie einzuschränken und Abhängigkeiten von der Führungsmacht zu akzeptieren.

Der *Konstruktivismus* begreift institutionelle Arrangements auf dem Feld der Sicherheit als Sicherheitsgemeinschaften (vgl. Adler und Barnett 1998). Diese entstünden aus der Interaktion normativ ähnlicher Akteure, könnten sich aber zu Strukturen verfestigen, welche die Bandbreite angemessenen Verhaltens abstecken und so das Handeln der Akteure beschränken. Anknüpfend an die frühen Arbeiten von Karl Deutsch et. al. (1957) zu verdichteten Transaktionsprozessen und Gemeinschaftsbildung in der transatlantischen Zone interessiert sich diese Forschung seit den 1990er Jahren für die Funktionslogiken von NATO und EU. Sie vermutet, dass Allianzen nicht (nur) als Reaktion auf äußere Bedrohungen entstehen und von äußeren Bedrohungen zusammengehalten werden, sondern sich auf der Basis gemeinsamer Werte ihrer Mitglieder entwickeln und diese reproduzieren (vgl. Hampton 1998/99). Weil sich die Mitglieder als normativ wesensgleich erkennen, gebe es eine hohe Bereitschaft, gemeinschaftlichen Praktiken zu folgen, die Ansichten der anderen bereits bei der Formulierung der eigenen Politik zu berücksichtigen (vgl. Risse-Kappen 1995) und sich über gemeinsame Lösungen zu verständigen. Ebenso verpflichte die NATO ihre Mitglieder auf solidarische Grundnormen („einer für alle, alle für einen") und sozialisiere neue Mitglieder in die allianzspezifischen Norm- und Regelwerke ein (vgl. Gheciu 2005).

Der *Neo-Institutionalismus* versteht Bündnisse als Sicherheits-
institutionen, das heißt als formale und informelle Regeln, die auf
dem Politikfeld der Sicherheit Verhaltensmuster vorschreiben,
Handeln beschränken und Erwartungen formen (vgl. Keohane 1989,
S. 3f.). Institutionen dienen rationalen Akteuren dazu, kollektive
Handlungsprobleme zu lösen und den vorteilhaften Austausch
von Gütern zu erleichtern. Dabei geht diese Forschung ähnlich wie
der Realismus davon aus, dass Kooperation in der Situation der
Anarchie durch das Ausbeutungsrisiko abgebremst werde. Einfach
sei noch die reine Koordination, etwa die Einigung auf Standards
in neu entstehenden technologischen Gebieten. Sehr viel riskanter
und unwahrscheinlicher sei eine arbeitsteilige Kooperation, bei der
die Staaten Abhängigkeiten akzeptieren. Aufgrund der besonderen
Sensitivität und Verwundbarkeiten gilt dies insbesondere für die
Sicherheits- und Verteidigungspolitik. Selbst wenn arbeitsteilige
Kooperationsformen hohe Gewinne versprechen, kommen sie eher
im Bereich der *low politics* zustande. Dementsprechend erwartet
diese Forschungsrichtung auch nicht, dass Staaten im Bereich der
Sicherheit institutionelle Designs wählen, mit denen sich zwar Kooperation effektiver gestalten lässt, die aber staatliche Autonomie
einschränken. Dabei geht es vor allem um zwei Formmerkmale:
das Maß der Delegation von Kompetenzen an internationale Bürokratien und das *Pooling* von Hoheitsrechten durch den Übergang
von vetobewehrten Abstimmungsverfahren zu Mehrheitsent-
scheidungen. Im Bereich der *high politics* werden Staaten also vor
beidem zurückschrecken, selbst wenn dadurch Entscheidungen
lediglich auf der Basis des kleinsten gemeinsamen Nenners der
Interessen zustande kommen und Kooperationsgewinne nicht
realisiert werden können.

Von dieser Grundregel halten Neo-Institutionalisten eine für
unser Spannungsverhältnis wichtige Ausnahme für möglich. Im
Unterschied zum Realismus gehen sie davon aus, dass Informa-

tionen über das Verhalten und die Absichten der Partner kein
knappes, sondern ein variables Gut seien, das durch Institutionen
vermehrt werden könne (vgl. Keohane und Martin 2003). Je mehr
Informationen eine Institution zur Verfügung stellt und je mehr
Vertrauen die Mitglieder untereinander aufbauen, desto eher
könnten sie sich trotz des Ausbeutungsrisikos auf arbeitsteilige
Kooperationsformen einlassen. Organisationen wie die NATO
und die EU seien in dieser Hinsicht besonders leistungsfähig. Sie
setzen sich aus Demokratien zusammen, die besonders dichte
transgouvernementale und transnationale Netzwerke bilden und
so verlässliche Informationen generieren (vgl. Dembinski 2010).
Hinzu kommt die Natur des Kooperationsproblems. Wie oben bereits angedeutet, sind die europäischen Mitgliedsstaaten der NATO
(und EU) immer weniger in der Lage, angesichts explodierender
Stückkosten bei Waffensystemen und der Komplexität von Aufgaben Streitkräfte in der Breite und nötigen Tiefe vorzuhalten, die
dem Ideal autonomer nationaler Handlungsfähigkeit entsprechen.
Andererseits lassen sich durch Spezialisierung und arbeitsteilige
Zusammenarbeit erhebliche Synergien erzielen und die gemein-
schaftliche Effektivität und Handlungsfähigkeit sichern. Aufgrund
der Kombination von Vertrauen und hohen Gewinnmöglichkeiten
sei es aus dieser Sicht nicht ausgeschlossen, dass die Mitglieder der
NATO und der EU trotz der besonderen Sensitivität des Politik-
feldes Sicherheit die Bündnisintegration vorantreiben und sich auf
arbeitsteilige Kooperationsformen bei der Rüstungsbeschaffung
und den Streitkräftestrukturen einlassen.

4 Das Spannungsverhältnis zwischen Bündnissolidarität und Friedensnormen aus theoretischer Perspektive

Was lässt sich nun aus diesen theoretischen Perspektiven für das Spannungsverhältnis zwischen Bündnissolidarität und Friedensnormen ableiten? Zunächst ist der Befund überraschend: Aus allen drei Perspektiven betrachtet handelt es sich um ein Scheinproblem. Sicherlich funktionieren Bündnisse nur dann, wenn sich ihre Mitglieder an gemeinsamen Regeln orientieren. Und sicherlich ist regelkonformes Verhalten, selbst wenn die Regeln einvernehmlich beschlossen wurden, nicht in jedem Einzelfall mit den situativen Präferenzen der Mitgliedsstaaten deckungsgleich. Dennoch ist die Spannung zwischen mitgliedsstaatlichen Präferenzen und Anforderungen des Bündnisses aus Sicht aller drei theoretischen Schulen gering:

Aus Sicht des Realismus ist der institutionelle *pull* von Bündnissen in der Regel schwach und das Autonomiestreben von Staaten selbst innerhalb von Bündnissen groß. Den Zielkonflikt zwischen der Effektivität des gemeinsamen Handelns und der nationalstaatlichen Autonomie werden die Mitgliedsstaaten wo immer möglich zugunsten ihrer Autonomie entscheiden. Dies gilt besonders dann, wenn wie nach dem Ende des Ost-West-Konflikts die äußere Bedrohung gering ist.

Aus Sicht derjenigen, die die NATO in konstruktivistischer Tradition als demokratische Sicherheitsgemeinschaft begreifen, handelt es sich bei dem genannten Spannungsverhältnis ebenfalls um ein Scheinproblem. Aus dieser Sicht ist der institutionelle *pull* zwar sehr groß. Er ist aber nur deshalb groß, weil das Bündnis zwar die Bandbreite angemessenen Verhaltens verkörpert, dieses normative Korsett aber in der Interaktion zwischen Mitgliedsstaaten entstanden ist und von diesen ohnehin weitestgehend geteilt wird.

NATO und EU seien also Träger kollektiver Sicherheitskulturen. Ein gravierendes Spannungsverhältnis zwischen Bündnissolidarität und Friedensnormen sei daher kaum zu erwarten. Allenfalls sei ein Streit über die Frage denkbar, welche konkreten Handlungen die gemeinsamen Werte und Normen in bestimmten Situationen nahelegen. Aber auch dann lassen Grundnormen wie die Verpflichtung zur Suche nach gemeinsamen Lösungen erwarten, dass sich die Bündnispartner auf ein gemeinsames Vorgehen einigen können.

Und auch aus der Sicht der neo-institutionalistischen Forschung haben wir es mit einem Scheinproblem zu tun. Denn aus dieser Sicht ist die Bereitschaft zu autonomieeinschränkenden Formen institutioneller Kooperation eine Funktion der Informationsdichte und des wechselseitigen Vertrauens, die durch die Institution generiert wird. Damit hängt die Chance, dass sich Staaten auf eine fortschreitende Bündnisintegration einlassen, davon ab, dass sie wechselseitig über tiefe Einblicke in die innergesellschaftlichen Befindlichkeiten und roten Linien ihrer Partner verfügen und diese mit dem Einfordern von Solidarität nicht überfordern.

Die theoretische Sicht auf das Spannungsverhältnis spricht also für Entwarnung. Dennoch weist diese Debatte auf zwei möglicherweise kritische Entwicklungen hin, die für die aktuelle Situation und die Zielkonflikte deutscher Sicherheitspolitik relevant sein können. Die eine ergibt sich aus dem realistischen Forschungsstrang und betrifft die Risiken der Abhängigkeit von einer hegemonialen Macht. Die andere betrifft – aus realistischer und neo-institutionalistischer Perspektive – mögliche Kontrollverluste, genauer Lücken zwischen einer voranschreitenden Bündnisintegration einschließlich des Ausbaus von Verbundfähigkeiten und der Basis realer politischer Gemeinsamkeiten. Beides soll im Folgenden genauer beleuchtet werden.

5 Das Spannungsverhältnis zwischen Bündnissolidarität und Friedensnormen aus empirischer Perspektive

5.1 Hegemonie und Abhängigkeit

Während des Ost-West-Konflikts schien die amerikanische Führungsrolle innerhalb der NATO trotz der damit einhergehenden Abhängigkeit aus deutscher Sicht unproblematisch. Die amerikanische Führung bot insofern Vorteile, als sie die Kohäsion und Effektivität der Allianz in einer Situation hoher Bedrohung beförderte. Und weil der Bündniszweck praktisch nur in der kollektiven Verteidigung bestand, die amerikanische NATO-Politik zudem multilateral orientiert und aus Sicht der kleineren Partner in Westeuropa beeinflussbar war, schienen die Risiken der Abhängigkeit akzeptabel. Die Verlängerung der hegemonial geformten NATO über 1990 hinaus war aus realistischer Sicht überraschend und nur mit Hilfsannahmen erklärbar: einerseits der Trägheit bürokratischer Strukturen und der Gewohnheiten sicherheitspolitischer Eliten (vgl. McCalla 1996) und andererseits der Vorteile dieses Arrangements gerade für die europäischen Staaten etwa in Form geringer Verteidigungsausgaben. Dennoch wird diese Konstruktion aus realistischer Sicht zunehmend gefährlich. So war die multilaterale Orientierung der USA vor 1990 vorrangig der großen Bedeutung Westeuropas in der globalen Machtkonkurrenz geschuldet (vgl. Crone 1993; Press-Barnathan 2003). Nach 1990 nahm die sicherheitspolitische Bedeutung Westeuropas und Deutschlands für die USA ab, der relative Beitrag der USA für die Gewährung von Sicherheit in Westeuropa dagegen eher zu. Folglich wird die amerikanische Politik zunehmend ungewiss, unilateral und unberechenbar und die deutsche Abhängigkeit von den USA zu einem unkalkulierbaren Risiko. Donald Trumps

America First-Politik ist aus dieser Sicht kein Ausrutscher, sondern der durch die Merkmale der Person zugespitzte Ausdruck eines längerfristigen Trends.

Wenn die realistische Analyse zutrifft, könnte die Abhängigkeit von den USA der Mechanismus sein, der unser Spannungsverhältnis in den letzten Jahren verschärfte und weiter verschärfen wird. Zu erwarten wäre dann auch, dass Deutschland und Europa versuchen, diese Abhängigkeit zu reduzieren. Ob die realistische Analyse aufgeht oder Trump nur ein singuläres Phänomen und nach ihm eine Rückkehr zur multilateralen Gemeinsamkeit möglich ist, wird nach wie vor kontrovers diskutiert. Allerdings werden die Stimmen immer leiser, die eine Rückkehr zu früheren Mustern für möglich halten.

5.2   Bündnisintegration und Abhängigkeit

Ein zweiter kausaler Mechanismus, durch den Bündnisse ihre Mitgliedsstaaten auf gemeinschaftliches Verhalten verpflichten können, obwohl es deren situativen Interessen entgegenläuft, stellt auf Kontrollverluste der Staaten ab. Relevant sind dabei wie erwähnt zwei Formmerkmale der Institution – das Niveau der Delegation und des *Pooling* von Hoheitsrechten – und zwei informellere Merkmale – das Maß der rhetorischen Verpflichtungen und die militärischen Strukturen, die integrativer oder autonomieschonender ausgestaltet sein können. Wie steht es nun um diese kausalen Mechanismen in der Praxis von NATO und EU?

Kontrollverluste durch die Formmerkmale der Institution sind weder in Bezug auf die NATO noch auf die EU zu konstatieren. Beide sind intergouvernemental ausgestaltet. Entscheidungen innerhalb der NATO werden ebenso wie im Bereich der Gemeinsamen Sicherheits- und Verteidigungspolitik der EU (GSVP) im

Konsens getroffen. Und die internationalen Bürokratien beider Organe verfügen über wenig Autonomie. Die Generalsekretäre der NATO konnten zwar im Laufe der Jahre ihre Kompetenzen sukzessive ausweiten, sind aber nach wie vor eher Sekretäre der Staaten als ein autonom agierendes Machtzentrum innerhalb der NATO (vgl. Hendrickson 2006). Auf der militärischen Seite der NATO-Bürokratie ist der (amerikanische) *Supreme Allied Commander Europe* (SACEUR) das eigentliche Machtzentrum. Er verfügt über umfangreiche delegierte Autorität, aber nur für den Eventualfall der kollektiven Verteidigung, nicht die *out-of-area*-Missionen betreffend. Bei der GSVP wurden zwar die Kompetenzen der Hohen Vertreterin mit jeder Vertragsrevision ausgeweitet. Sie operiert aber nach wie vor im Schatten der Staaten. Mehr Kompetenzen erhielt sie zudem vor allem auf dem Feld der Außen- und Sicherheitspolitik, nicht auf dem der Verteidigung.

Ein anderes Bild ergibt sich mit Blick auf die informellen Mechanismen der Kontrollverluste. Die NATO war während des Ost-West-Konflikts in dieser Hinsicht hochgradig integriert. Der wichtige Artikel 5, der 1949 nur sehr unverbindlich formuliert worden war, nahm durch rhetorische Selbstverpflichtungen die Form eines nicht konditionierten militärischen Beistandsversprechens an. Und der zunächst dezentral geplante Aufbau verwandelte sich unter dem Eindruck des Koreakrieges in eine derartig hoch integrierte Militärstruktur, dass Robert Osgood (1962) für die USA einen Kontinuitätsbruch diagnostizierte, nämlich die Mitgliedschaft in einer *entangling alliance*. Wie erwähnt war dies aus deutscher Sicht während des Ost-West-Konflikts weitgehend unproblematisch; die Verlängerung dieser Struktur über 1990 hinaus in eine Situation, in der die NATO neben der kollektiven Verteidigung auch für weitere Aufgaben wie das globale Konfliktmanagement Zuständigkeiten reklamiert, erweist sich hingegen als alarmierend.

Tatsächlich nahmen nach dem Ende des Ost-West-Konflikts das
Integrationsniveau und der Bindungscharakter der NATO deutlich
ab. Nicht zuletzt auf Initiative der USA lockerte die NATO ihre
integrierte Militärstruktur und schuf unter einem loseren Dach
flexiblere Kommandostrukturen, die entweder europäische Staaten
im Rahmen der EU oder ad hoc-Koalitionen innerhalb der NATO
unterstützten können (vgl. Rynning 2005). Und selbst wenn sich
Staaten an NATO-Operationen wie in Afghanistan beteiligen,
behielten sie mit der Möglichkeit nationaler Vorbehalte (*caveats*)
Handlungsspielräume (vgl. Saidemann und Auerswald 2012).
Auch rhetorisch stellte das Bündnis nach 1990 die Weichen auf
Flexibilität. Der damalige Verteidigungsminister Donald Rumsfeld
erteilte dem früheren Leitbild der geschlossenen und solidarischen
Allianz, bei der „einer für alle und alle für einen" einstehen, eine
Absage und prägte stattdessen das Bild des Werkzeugkastens, aus
dem sich ad hoc-Koalitionen der Willigen bedienen können. Von
den *out-of-area* nutzbaren militärischen Strukturen ist lediglich
der AWACS-Verband hochintegriert. Die seit der Ukrainekrise
geschaffenen höhergradig integrierten Verbände, allen voran die
Very High Readiness Joint Task Force (VJTF), dienen dagegen
wiederum primär der Bündnisverteidigung.

Ein ähnlicher Befund ergibt sich mit Blick auf die EU. Zusagen
und Zielvereinbarungen, mit denen sich EU-Mitglieder gegenseitig
zur Teilnahme an EU-geführten Operationen verpflichten können,
fehlen bislang weitgehend. Und die gegenwärtig absehbaren Trends
lassen vermuten, dass integrierte Strukturen und Verbundfähigkeiten eher in den weniger sensitiven Bereichen der Rüstungsindustrie
sowie der militärischen Logistik, der Ausbildung und Aufklärung
etc. entstehen, nicht jedoch in den hochsensitiven Bereichen der
Einsatz- und Kampftruppen. Von diesem Trend gibt es eine Ausnahme, nämlich die sogenannten *Battlegroups*. Diese kleinen,
hochintegrierten und schnell mobilisierbaren Einsatzverbände, für

die die EU-Staaten halbjährlich rotierend Truppen bereithalten,
stellen ganz offenkundig eine institutionelle Fehlentwicklung dar:
Ihr Unterhalt ist teuer; eingesetzt wurden sie noch nie und zwar
nicht zuletzt deshalb, weil in den relevanten Krisensituationen
die gerade truppenstellenden Staaten sich nicht zuständig fühlten.

5.3   Der Zusammenhang von machtpolitischen und institutionellen Anpassungszwängen in NATO und EU

Was folgt aus diesen Ausführungen für das oben erwähnte Puzzle?
Wodurch und wie stark können NATO und EU das Verhalten ihre
Mitglieder beeinflussen und sie zu Bündnissolidarität bewegen,
obwohl doch die Staaten die Herren der Verfahren sind? Der erste
Teil der Antwort lautet, weil sie von der Bündnismitgliedschaft
enorm profitieren und deshalb am Funktionieren des Bündnisses
ein großes Interesse haben. Weil Staaten nicht für jeden Fall planen
und Bündniszwecke entsprechend definieren können, und weil sie
im Rahmen von NATO und EU nicht bereit sind, Kompetenzen
zu delegieren und Hoheitsrechte zusammenzulegen, müssen sie
sich situativ einigen. Gemeinsam festgelegte Bündnisnormen
und -ziele können bei diesen Einigungsprozessen als Leitplan-
ken oder Ressource dienen. Wichtigere Ressourcen sind aber
vermutlich sicherheitspolitische Abhängigkeiten und unilaterale
Handlungsmöglichkeiten. Dass Staaten bei diesem Einigungspro-
zess wechselseitig Druck aufeinander ausüben, der in Form eines
gewissen Spannungsverhältnisses zwischen Bündnissolidarität
und partikularen Anliegen (Friedensnormen) spürbar wird, liegt
in der Natur der Sache.

Mit Blick auf beide Mechanismen, die hegemoniale Form und
die Bedeutung von Verbundfähigkeiten fällt ein zentraler und

folgenreicher Unterschied zwischen beiden Organisationen auf:
Die Flexibilisierung der militärischen Strukturen der NATO, die
ad hoc-Koalitionen unterstützen kann und es so Mitgliedsstaaten
erlaubt, sich an Auslandseinsätzen nicht zu beteiligen, beeinträch-
tigte nicht die militärische Effektivität und Handlungsfähigkeit,
sondern stärkte sie sogar. Die Erklärung dieses Paradox liegt in
der Dominanz der USA. *Out-of-area*-Operationen können die
USA weitgehend alleine durchführen. Die Beteiligung anderer
Bündnispartner mag militärisch entlastend und im Interesse der
politischen Mobilisierung hilfreich sein, ist aber nicht unverzichtbar
und möglicherweise eher störend, weil die Mitsprachewünschen
und entsprechenden Effizienzverluste größer sein könnten als die
potenziellen militärischen und politischen Gewinne. Ganz anders
stellt sich die Sachlage mit Blick auf die EU dar. Koalitionen der
Willigen etwa mit Frankreich als Führungsnation wären zwar in
der Lage, Stabilisierungsmissionen zur Entschärfung von Krisen
in kleinere afrikanische Länder zu entsenden, aber bereits bei Szenarien wie der Intervention in Libyen überfordert. Die EU müsste
also aufgrund der anderen Größenverhältnisse Verbundfähigkeiten
auch in hochsensitiven Bereichen aufbauen, wenn sie in ähnlicher
Weise wie die NATO militärisch handlungsfähig werden wollte.

6   Schlussfolgerungen

Internationale Institutionen und Militärbündnisse funktionieren nur, wenn die Mitglieder ihr Verhalten an den vereinbarten
Bündniszielen orientieren. Ein Spannungsverhältnis zwischen
Bündnissolidarität und partikularen Anliegen (Friedensnormen)
liegt in der Natur der Sache. Die andauernde (und in aller Regel
freiwillige) Mitgliedschaft weist allerdings darauf hin, dass die
Vorteile der Bündniszugehörigkeit den Nachteil der situativen

Anpassung deutlich überwiegen. Das gilt bisher gerade für die deutsche Mitgliedschaft in NATO und EU beziehungsweise GSVP. Selbst wenn man bei dieser Abwägung nicht nur Effizienzgesichtspunkte und sicherheitspolitische Güter wie etwa geringere Verteidigungsaufwendungen in Rechnung stellt, sondern nach friedenspolitischen Gesichtspunkten entscheidet, fällt das Urteil eindeutig aus. Die friedenspolitischen Vorteile sind gewichtig: die Überwölbung des Sicherheitsdilemmas in Westeuropa beziehungsweise der transatlantischen Region, die verlässliche Blockade deutscher Sonderwege und damit der Beitrag zu der erstaunlich stabilen Erwartung, dass Krieg in dieser Region kein Mittel der Politik sein wird.

Dennoch bleibt die Frage nach dem Gewicht des Spannungsverhältnisses zwischen Bündnissolidarität und Friedensnormen. Der obige Blick auf drei gängige Großtheorien der Internationalen Beziehungen relativiert das in der Literatur oftmals angenommene Spannungsverhältnis. Ein Blick auf die deutsche Beteiligung an NATO und EU-Missionen zeigt zudem, dass Berlin über die politischen Optionen verfügt, sich an Auslandseinsätzen nicht oder nur selektiv zu beteiligen. Die kurze Analyse zwei kritischer kausaler Mechanismen – die deutsche sicherheitspolitische Abhängigkeit von den USA und der Aufbau integrierter Strukturen – kommt zu einer unterschiedlichen Bewertung: Von den integrierten Strukturen geht gegenwärtig noch ein nur geringes Risiko der ungewollten Verwicklung in militärische Einsätze aus. Innerhalb der NATO sind die militärischen Strukturen, die für Auslandseinsätze relevant sind, nach 1990 deutlich flexibilisiert worden. In der EU weisen die derzeitigen Entwicklungen darauf hin, dass Verbundfähigkeiten zunächst in den weniger sensiblen Bereichen entstehen. Die Abhängigkeit von den USA birgt dagegen zunehmende Risiken und könnte sich als Mechanismus erweisen, der das hier betrachtete Spannungsverhältnis verschärft. Dieser kausale Mechanismus ist allerdings nur indirekt institutioneller und eher machtpolitischer Natur. Die Handlungsalternative wäre also nicht der Austritt aus der NATO, sondern ihre Europäisierung. Zudem hat die deutsche Politik die Risiken der Abhängigkeit erkannt. Das Problem: Deutschland zieht enorme sicherheitspolitische Gewinne aus der Mitgliedschaft in der hegemonial gestalteten NATO, und mögliche Alternativen wären teuer und risikoreich. So wäre etwa der Ausbau der GSVP auf einen Stand, der den amerikanischen Beitrag zur europäischen Sicherheit ersetzen könnte, nur um den Preis hoher Verbundfähigkeiten in kritischen Bereiche zu haben. Viele Beobachter kommen daher zu der resignativen Einschätzung: „Europeans have no choice but to continue to depend on the United States – despite the uncertainty" (Kundnani 2018). Andere erwarten, dass mit Deutschland im Zentrum tatsächlich eine sicherheitspolitisch und militärisch handlungsfähige EU als Alternative zur amerikanisch dominierten NATO entsteht, in diesem Prozess die Kultur der Zurückhaltung aber erst recht verloren geht. So oder so: Es stehen stürmische Zeiten bevor.

Literatur

Adler, Emanuel und Michael Barnett. 1998. *Security Communities*. Cambridge: Cambridge University Press.

Brose, Ekkehard. 2013. *Parlamentsarmee und Bündnisfähigkeit. Ein Plädoyer für eine begrenzte Reform des Parlamentsbeteiligungsgesetzes.* Berlin: Stiftung Wissenschaft und Politik.

Bundesministerium der Verteidigung (BMVg). 2016. *Weißbuch 2016. Zur Sicherheitspolitik und zur Zukunft der Bundeswehr*, Berlin: BMVg.

Crone, Donald. 1993. Does Hegemony Matter? The Reorganization of the Pacific Political Economy. *World Politics* 45 (4): 501–525.

Dembinski, Matthias. 2010. Demokratischer Frieden und Internationale Institutionen: Eine zukunftsweisende Verbindung. In *Die internationale Organisation des Demokratischen Friedens,* hrsg. von Dembinski, Matthias und Andreas Hasenclever, 15–50. Baden-Baden: Nomos.

Deutsch, Karl W., Sidney A. Burrell, Robert A. Kann, Maurice Lee Jr., Martin Lichterman, Raymond E. Lindgren, Francis L. Loewenheim und Richard W. Van Wagenen. 1957. *Political Community and the North Atlantic Area: International Organization in the Light of Historical Experience.* Princeton: Princeton University Press.

Deutscher Bundestag. 2015. *Unterrichtung durch die Kommission zur Überprüfung und Sicherung der Parlamentsrechte bei der Mandatierung von Auslandseinsätzen der Bundeswehr. Abschlussbericht der Kommission.* Drucksache 18/5000. Berlin.

Evangelische Kirche in Deutschland (EKD). 2012. *„Selig sind die Friedfertigen". Der Einsatz in Afghanistan: Aufgaben evangelischer Friedensethik. Eine Stellungnahme der Kammer* für Öffentliche Verantwortung der EKD. Hannover: Kirchenamt der EKD.

Gareis, Sven Bernhard. 2010. Zwischen Bündnisraison und Parlamentsvorbehalt – Wer entscheidet über Auslandseinsätze der Bundeswehr? In *Friedensethik und Sicherheitspolitik. Weißbuch 2006 und EKD-Friedensdenkschrift 2007 in der Diskussion*, hrsg. von Angelika Dörfler-Dierken und Gert Portugall, 153–168. Wiesbaden: VS Verlag für Sozialwissenschaften.

Geis, Anna. 2007. Der Funktions- und Legitimationswandel der Bundeswehr und das „freundliche Desintertesse" der Bundesbürger. In *Friedensgutachten 2007,* hrsg. von Bruno Schoch, Andreas Heindemann-Grüder, Jochen Hippler, Markus Weingardt und Reinhard Mutz, 39–50. Münster: LIT.

Gheciu, Alexandra. 2005. Security Institutions as Agents of Socialization? NATO and the "New Europe". *International Organization* 59: 973–1012.

Gray, Colin. 1999. Strategic Culture as Context: The First Generation of Theory Strikes Back. *Review of International Studies* 25 (1): 49–69.

Haglund, David. 2011. Let's Call the Whole Thing Off? Security Culture as Strategic Culture. *Contemporary Security Policy* 32 (3): 494–516.

Hampton, Mary. 1998/99. NATO, Germany and the United States: Creating Positive Identity in Trans-Atlantica. *Security Studies* 8 (2-3): 235–269.

Heidenkamp, Henrik. 2014. Die strategische Notwendigkeit von Pooling & Sharing. In *Europa als sicherheitspolitischer Akteur,* hrsg. von Michael Staack, 233–251. Opladen: Budrich.

Hendrickson, Ryan C. 2006. *Diplomacy and War at NATO. The Secretary General and Military Action after the Cold War.* Columbia: University of Missouri Press.

Johnston, Alastair Iain. 1995. Thinking About Strategic Culture. *International Security* 19 (4): 32–64.

Kaim, Markus. 2007. Deutsche Auslandseinsätze in der Multilateralismusfalle? In *Auslandseinsätze der Bundeswehr. Leitlinien, Entscheidungsspielräume und Lehren*, hrsg. von Stefan Mair, 43–49. Berlin: Stiftung Wissenschaft und Politik.

Keohane, Robert O. 1989. *International Institutions and State Power: Essays in International Relations Theory.* Boulder: Westview Press.

Keohane, Robert O. und Lisa Martin. 2003. Institutional Theory as a Research Program. In *Progress in International Relations Theory*, hrsg. von Colin Elman und Miriam Fendius Elman, 71–107. Cambridge: MIT Press.

Kielmannsegg, Sebastian Graf von, Heike Krieger und Stefan Sohm (Hrsg.). 2018. *Multinationalität und Integration im militärischen Bereich. Eine rechtliche Perspektive.* Baden-Baden: Nomos.

Kirste, Knut und Hanns W. Maull. 1996. Zivilmacht und Rollentheorie. *Zeitschrift für Internationale Beziehungen* 3 (2): 283–312.

Kundnani, Hans. 2018. The Necessity and Impossibility of "Strategic Autonomy". http://www.gmfus.org/sites/default/files/The%20Necessity%20and%20Impossibility%20of%20Strategic%20Autonomy.pdf. Zugegriffen: 14. Oktober 2018.

Liska, George. 1962. *Nations in Alliance.* Baltimore: Johns Hopkins University Press.

McCalla, Robert B. 1996. NATO's Persistence after the Cold War. *International Organization* 50 (3): 445–475.

Osgood, Robert E. 1962. *NATO: The Entangling Alliance.* Chicago: Chicago University Press.

Press-Barnathan, Galia. 2003. *Organizing the World. The United States and Regional Cooperation in Asia and Europe.* New York: Routledge.

Risse-Kappen, Thomas. 1995. *Cooperation Among Democracies: The European Influence on US Foreign Policy.* Princeton: Princeton University Press.

Rynning, Sten. 2005. *Nato Renewed. The Power and Purpose of Transatlantic Cooperation*. New York: Palgrave.

Saideman, Stephen M. und David P. Auerswald. 2012. Comparing Caveats: Understanding the Sources of National Restrictions upon NATO's Mission in Afghanistan. *International Studies Quarterly* 56 (1): 67–84.

Snyder, Glenn. 1997. *Alliance Politics*. Ithaca: Cornell University Press.

Wagner, Wolfgang. 2013. Langfristiges Ziel europäische Armee: Wie viel Europa verträgt der deutsche Parlamentsvorbehalt? In *Friedensgutachten 2013*, hrsg. von Marc Boemcken, Ines-Jacqueline Werkner, Margret Johannsen und Bruno Schoch, 112–123. Münster: LIT.

Walt, Stephen M. 1987. *The Origins of Alliances*. Ithaca: Cornell University Press.

Zwischen Bündnistreue und militärischer Zurückhaltung

Die strategische Kultur der Bundesrepublik Deutschland

Heiko Biehl

1 Einleitung

In der deutschen Außen- und Sicherheitspolitik tritt seit 1990 stets der gleiche Konflikt zutage: Ist die Bundesrepublik mit der Frage konfrontiert, ob sie sich an internationalen militärischen Missionen beteiligen soll, dann stehen die Verpflichtungen gegenüber den Verbündeten, der Wille, als zuverlässiger und berechenbarer Partner zu gelten, sowie die traditionelle Westbindung im Spannungsverhältnis mit den Vorbehalten, militärische Mittel zur Lösung internationaler Konflikte einzusetzen, sich substanziell an militärischen Interventionen zu beteiligen und die Bundeswehr in Kampfeinsätze zu entsenden. Dieser immer wieder aktualisierte Grundkonflikt gründet auf der Ambivalenz zweier Prämissen, die die bundesdeutsche strategische Kultur prägen: „Nie wieder Krieg" verweist auf die menschlichen, moralischen und politischen Abgründe des Zweiten Weltkrieges und auf die Zweifel an militärischer Gewalt als Mittel zur Lösung internationaler Konflikte. „Nie wieder alleine" steht für die Abkehr von Vormachtstreben und Schaukelpolitik sowie für die feste Einbindung in die transatlanti-

© Springer Fachmedien Wiesbaden GmbH, ein Teil von Springer Nature 2019
I.-J. Werkner und M. Haspel (Hrsg.), *Bündnissolidarität und ihre friedensethischen Kontroversen*, Gerechter Frieden, https://doi.org/10.1007/978-3-658-25160-4_3

sche Allianz und die europäische Gemeinschaft. Im Kalten Krieg
konnten diese beiden Prämissen zumeist in Deckung gebracht
werden. Gemeinsam mit den Verbündeten trug die Bundesrepublik zur glaubhaften Abschreckung bei, die wiederum Spielräume
für die politischen Initiativen der Ostpolitik eröffnete. Aufgrund
der Reputation als verlässlicher Partner und des entschlossenen
Willens, weiterhin fest in die transatlantischen und europäischen
Strukturen eingebunden zu sein, konnten die Widerstände (nicht
zuletzt aus Großbritannien und Frankreich) gegen die Vereinigung
beider deutschen Staaten überwunden werden. Mit der deutschen
Einheit hat sich die Kongruenz von Bündnisorientierung und
militärischer Zurückhaltung aufgelöst. Wiederholt muss sich die
bundesdeutsche Politik für eine der beiden Maximen entscheiden:
Steht die Bundesrepublik an der Seite der Partner und entsendet
Soldaten in Kriege und Konflikte? Oder hält sie sich militärisch
zurück und stellt sich mit dieser Entscheidung gegen die engsten
Verbündeten?

Im Folgenden wird das skizzierte Spannungsverhältnis zwischen
beiden sicherheitspolitischen Prämissen mithilfe des Konzepts der
strategischen Kulturen analysiert, das im zweiten Kapitel genauer
vorgestellt wird. Dabei stehen neben dem Wechselspiel von Eli-
ten- und Bevölkerungsebene die Möglichkeiten und Bedingungen
kulturellen Wandels strategischer Kulturen im Mittelpunkt. Dem
schließt sich im dritten Kapitel eine Auseinandersetzung mit den
Positionen der (sicherheits-)politischen Eliten und den Präferenzen
der breiten Bevölkerung an. Die auftretenden Wechselbeziehungen
führen zu einer Stabilisierung der bundesrepublikanischen strategischen Kultur. Das vierte Kapitel beleuchtet, wie unter diesen
Bedingungen sicherheitspolitischer Wandel dennoch möglich ist
und welche Phasen seit der deutschen Vereinigung zu erkennen
sind. Abschließend (im fünften Kapitel) wird die Frage aufge-
worfen, inwieweit das neuerliche Engagement im Rahmen der

Bündnisverteidigung mit den Bedingungen der bundesdeutschen strategischen Kultur in Einklang zu bringen ist.

2   Strategische Kulturen – zur Genese und Konjunktur eines wissenschaftlichen Konzepts

Kulturalistische Erklärungsansätze haben in den Sozial- und mehr noch in den Geisteswissenschaften Konjunktur. Den *cultural turn* in den *security studies* löste vor vier Jahrzehnten die Studie von Jack Snyder (1977) zur sowjetischen Nuklearstrategie aus. In seinem Werk betonte Snyder die kulturelle Prägung der Bedrohungswahrnehmung, der sicherheitspolitischen Entscheidungsfindung und der militärisch-strategischen Umsetzung. Damit setzte Snyder einen Kontrapunkt gegen die von realistischen Interessen, machtpolitischen Kalkülen und rationalen Gesetzmäßigkeiten geprägte Sicht auf die internationale Ordnung des Kalten Krieges. Nach diesen Anfängen erlebte das Konzept der strategischen Kultur um die Jahrtausendwende eine regelrechte Renaissance (vgl. Giegerich 2006; Longhurst 2000; Macmillan et al. 1999; Seppo 2017). Dabei richtete sich der Fokus jedoch weniger auf mögliche Gegner und Kontrahenten. Vielmehr wurden strategische Kulturen zur Erklärung von Differenzen in den Sicherheitspolitiken westlicher Staaten herangezogen. Die unterschiedliche Herangehensweise, die etwa Großbritannien, Frankreich und Deutschland mit Blick auf die Kriege im Irak, in Libyen und in Afghanistan an den Tag legten, haben nach Lesart der Konzepte strategischer Kultur ihre Ursachen weniger in unterschiedlichen Interessen und Ressourcen als in abweichenden, kulturell bedingten Sichtweisen auf sicherheitspolitisch relevante Gefährdungen, Entwicklungen und Instrumente. Zugleich wurde auf politischer Ebene mit Blick auf den

Ausbau einer Gemeinsamen Sicherheits- und Verteidigungspolitik in Europa die Existenz einer geteilten strategischen Kultur als Voraussetzung deklariert. In der ersten *European Security Strategy* (EU 2003, S. 12) heißt es dazu: „We need to develop a strategic culture that fosters early, rapid, and when necessary, robust intervention."

Seit den 2000er Jahren liegen mehrere Analysen vor, die die strategischen Kulturen verschiedener europäischer Staaten vergleichen und deren Unterschiede und Gemeinsamkeiten diskutieren (vgl. Giegerich 2006; Longhurst 2000; Meyer 2006). In den Studien finden sich unterschiedliche Auffassungen über die Bedingungen, Ausprägungen und Wirkungen strategischer Kulturen. Im Folgenden werden unter strategischer Kultur die weithin geteilten gesellschaftlichen Werte, Normen und Überzeugungen verstanden, die Einfluss auf sicherheitspolitischen Präferenzen und Entscheidungen nehmen. Staaten folgen in ihren sicherheitspolitischen Entscheidungen demnach nicht nur Interessen, sondern auch Ideen. Anders formuliert: Die strategischen Kulturen setzen den Rahmen, innerhalb dessen konkrete sicherheitspolitische Entscheidungen getroffen werden können.

Von besonderer Relevanz ist die Frage, wie stabil beziehungsweise veränderbar dieser von den strategischen Kulturen definierte Rahmen ist. Wie bei kulturalistischen Ansätzen generell hebt der Strategische Kulturen-Ansatz die Stabilität kultureller Prägungen hervor. Denn das Konzept der Kultur benötigt eine gewisse Langfristigkeit und Stabilität, um theoretisch tragfähig zu sein. Nur wenn kulturelle Prägungen dauern, wenn sie Konstanz entwickeln, wenn sie soziale und politische Umbrüche überstehen, besitzen sie theoretische Plausibilität und einen eigenständigen Erklärungswert. Kulturelle Prägungen, die sich fortwährend ändern, anpassen oder ins Gegenteil verkehren, können kaum ursächlich für stabile Verhaltensmuster sein. Andererseits ist evident, dass sich Kulturen wandeln: nicht permanent und schlagartig, aber im Laufe der Zeit.

Das belegt ein Blick in die Geschichte und das globale Umfeld. Die Literatur unterscheidet hierbei endogene und exogene Ursachen für Veränderungen strategischer Kulturen. Häufig sind es *external shocks* wie Kriege, terroristische Anschläge, Konflikte, aber auch friedliche Entwicklungen, die eine Änderung strategischer Kulturen bedingen. Voraussetzung für grundlegende Veränderungen der strategischen Kultur ist, dass Vertreter und Vertreterinnen der politischen Elite den Wandel bewusst vorantreiben. Durch aktives Werben für Programme und Inhalte können neue Positionen, Sichtweisen und Normen etabliert werden. Die Aussicht auf den Wandel strategischer Kulturen ist dann am größten, wenn beide Faktoren zusammenkommen: ein historischer Einschnitt und eine politische Führung, die eine konsequente Agenda verfolgt und die Offenheit der historischen Situation nutzt, um eine Umorientierung bei den relevanten Eliten und in der breiten Öffentlichkeit anzustoßen.

Diese Einsichten verweisen auf die Entstehungsbedingungen strategischer Kulturen. Diese speisen sich aus gemeinsamen Erfahrungen. Dabei sind jedoch weniger die historischen Prozesse und Fakten als solche wirksam, entscheidender ist deren gesellschaftliche Verarbeitung. Aus sozialen Lernprozessen erwachsen akzeptierte Narrative, die nicht alleine die Erfahrungen der Vergangenheit, sondern ebenso die Wahrnehmung der Gegenwart und den Blick in die Zukunft prägen. In einem solchen Verständnis sind die (sicherheits-) politischen Eliten wie die Bevölkerung gleichermaßen Träger der strategischen Kultur eines Landes. Deren konkrete Ausgestaltung entsteht in Demokratien in der Interaktion zwischen Eliten und Bürgern. Von daher werden in den nachstehenden Ausführungen die sicherheitspolitische Ebene und die gesellschaftliche Arena in den Blick genommen, um die Tragweite strategischer Kulturen umfassend zu berücksichtigen.

3   Die bundesdeutsche strategische Kultur

Die bundesdeutsche strategische Kultur ist – wie dargelegt – geprägt durch das Neben- und Miteinander des Willens, sich in die europäischen und transatlantischen Strukturen fest einzubinden und bei den Verbündeten als verlässlicher Partner zu gelten sowie den Vorbehalten gegenüber dem Einsatz militärischer Mittel (vgl. Maull 1990/91; Meyer 2006; Mutz 2006). Wie sich diese beiden Prämissen der strategischen Kultur auf der Eliten- und auf der Bevölkerungsebene ausgestalten, wird nachstehend auf Basis der Befunde eines internationalen Forschungsprojekts dargelegt, das zwischen 2010 und 2013 die strategischen Kulturen der EU-Mitgliedsstaaten erfasst und typologisiert hat (vgl. Biehl et al. 2011, 2013).

Für die Ebene der sicherheitspolitischen Eliten hat das Forschungsprojekt verschiedene Ausrichtungen strategischer Kultur in Europa identifiziert. Die Untersuchung beruht auf der Analyse von Länderexperten und -expertinnen, die die Sicherheits- und Verteidigungspolitik eines Staates entlang von vier Dimensionen betrachten: Dabei gibt der *level of ambition* Auskunft über den sicherheitspolitischen Willen eines Landes: Verstehen sich die Staaten als Führungsmächte im internationalen Konzert? Oder agieren sie zurückhaltend und orientieren sich an den Entscheidungen der Partner? Der Spielraum der Regierung zum sicherheitspolitischen Handeln weist auf die *scope for action of the executive* hin: Können Regierungen eigenständig Soldaten und Soldatinnen in Missionen entsenden? Oder benötigen sie die Zustimmung des Parlaments oder anderer staatlichen Institutionen? Die *foreign policy orientation* unterscheidet zwischen einer transatlantischen und einer europäischen Variante: Ist die NATO das zentrale Bündnis der Sicherheits- und Verteidigungspolitik? Oder orientiert sich ein Land vorrangig an den europäischen Partnern? Die *willingness to use military force* bildet eine Kerndimension der strategischen

Kultur: Welche Bereitschaft zeigt ein Staat, Streitkräfte einzusetzen? Sind militärische Mittel ein übliches Instrument außen- und
sicherheitspolitischen Agierens? Oder bestehen Vorbehalte gegen
die Entsendung von Truppen?

Mithilfe dieser Dimensionen und adäquater Operationalisie-
rungen ließen sich drei Typen strategischer Kulturen in Europa
bestimmen. Der erste Typus von Ländern versteht Sicherheitspolitik
als Manifestation seiner Staatlichkeit. Kleinere EU-Mitglieder wie
Malta, Luxemburg oder Portugal engagieren sich in internationalen Organisationen und Missionen, um ihre Selbständigkeit und
Handlungsfähigkeit zu dokumentieren. Trotz ihrer begrenzten
Fähigkeiten und Ressourcen sind sie oftmals sehr aktiv. Mit diesem
Engagement wollen sie ihren Anspruch unterstreichen, sicherheitspolitisch wahrgenommen und an Entscheidungen beteiligt
zu werden. Damit versuchen Staaten dieses Typs, Entscheidungen
der größeren Nationen über ihre Köpfe hinweg zu verhindern. Am
anderen Ende des Spektrums strategischer Kulturen befinden sich
Länder, die einen ausgeprägten sicherheitspolitischen Gestaltungs-
willen an den Tag legen und sich als *Leader* in diesem Politikbe-
reich verstehen. Staaten wie Großbritannien und Frankreich, aber
auch Polen und Schweden bestimmen mit eigenen Ansichten und
Absichten die außenpolitische Agenda, dominieren internationale
Organisationen und führen multinationale Missionen an. Diese
Staaten nutzen Streitkräfte aktiv, um ihre Staatlichkeit zu schüt-
zen und ihre Interessen international zu projizieren. Deutschland
gehört – wie die meisten Mitgliedsstaaten der EU – zur dritten
Kategorie strategischer Kulturen: Die bundesdeutsche Elite versteht
Sicherheits- und Verteidigungspolitik in erster Linie als *Teamplay*.
Länder dieses Typs engagieren sich sicherheitspolitisch vor allem
in und für internationale Organisationen. Ihnen geht es darum,
Zusammenschlüsse und Kooperationen zu stärken, um internationale Stabilität und Ordnung zu ermöglichen. Militärische

Engagements erfolgen nicht im Alleingang, zumal die Staaten dieses Typs – und dies gilt für Deutschland im besonderen Maße – kaum die Initiative zu militärischen Missionen ergreifen. Sie sehen vielmehr in der europäischen und transatlantischen Kooperation und Zusammenarbeit einen Wert an sich. Zuweilen engagieren sie sich, auch wenn kein unmittelbares nationales Interesse vorliegt. Wie selten zuvor verdeutlichte etwa die Entsendung deutscher Truppen in den Syrienkonflikt im Jahr 2015, dass die deutsche strategische Kultur geprägt ist von der Verpflichtung, Partnern beizustehen. So ist das Bundeswehrengagement in Syrien vor allem begründet worden. War zuvor bei den Missionen im Kosovo und in Afghanistan noch versucht worden, den Einsatz militärischer Mittel aus der Sache heraus zu legitimieren – aufgrund einer humanitären Katastrophe oder als Verteidigung Deutschlands am Hindukusch – so galt es beim Syrieneinsatz, Frankreich nach den terroristischen Anschlägen im November 2015 beizustehen. Den bereits wirkmächtigen Spaltungen in Europa sollte nicht noch eine weitere hinzugefügt werden. Im Rückblick können sämtliche Einsatzentscheidungen seit 1990 als Kompromiss zwischen der Bündnistreue und dem Gebot der militärischen Zurückhaltung gelten, der sich nicht zuletzt in der jeweiligen Mandatsausgestaltung niederschlägt. Ein wesentlicher Faktor, der die sicherheitspolitischen Entscheidungen der Bundesrepublik allesamt prägt, ist der Einfluss der gesellschaftlichen Präferenzen, die die zweite Komponente der strategischen Kultur bilden.

Dass Sicherheitspolitik in Demokratien keine reine Angelegenheit von Eliten ist, sondern die Haltungen der Öffentlichkeit und die Meinungen der Bevölkerung ebenfalls zum Tragen kommen, ist in der Forschung mittlerweile Konsens (vgl. Göler 2010; Viehrig 2010). Entsprechend breit ist die Datenlage zu den sicherheitspolitischen Einstellungen der europäischen Bürger und Bürgerinnen, seien es die *Transatlantic Trends*, die Eurobarometer-Befragun-

gen, verschiedene Erhebungen von *Pew* oder die langjährige Bevölkerungsbefragung des Zentrums für Militärgeschichte und
Sozialwissenschaften der Bundeswehr (zuletzt Steinbrecher et al.
2017). Als wesentliche Charakteristika der öffentlichen Meinung
zur Sicherheitspolitik und bundesdeutschen strategischen Kultur
können die folgenden drei Punkte gelten:

1. *ein hohes soziales Ansehen der deutschen Streitkräfte*: Die Bundeswehr ist in der Gesellschaft weithin anerkannt. Die deutsche
   Bevölkerung vertraut der Bundeswehr, sie tritt ihr mehrheitlich
   positiv entgegen und erachtet sie als wichtig. Dieser Befund ist
   nicht auf bestimmte Bevölkerungsgruppen beschränkt, sondern
   zeigt sich quer durch die Gesellschaft: Männer wie Frauen,
   jung wie alt, Ost- wie Westdeutsche, Angehörige sämtlicher
   Einkommens- und Bildungsgruppen bewerten die Bundeswehr
   mehrheitlich wohlwollend. Der Zuspruch zu den deutschen
   Streitkräften umfasst kognitive, funktionale und – wenngleich
   in geringerem Maße – emotionale und affektive Momente. In
   ihrer übergroßen Mehrheit steht die bundesdeutsche Bevölkerung damit hinter der Institutionalisierung militärischer Gewalt
   in Form von Streitkräften. Der gesellschaftliche und politische
   Streit dreht sich nicht um die Frage, ob die Bundesrepublik
   Streitkräfte unterhalten sollte, sondern wozu sie diese benötigt.
2. *Westbindung und Bündnisorientierung als sicherheitspolitische*
   Kompass: Die Bundesbürger und -bürgerinnen wünschen sic
   eine fest in die transatlantische Allianz und die Europäisch
   Union verankerte Sicherheits- und Verteidigungspolitik. Z
   beiden Bündnissen bekennen sich die Deutschen mit große
   Mehrheiten, selbst die Forderung nach Schaffung einer eur
   päischen Armee findet die Zustimmung von fast der Hälfte d
   Bevölkerung. Aus dieser festen Verankerung in die westlic
   Staatengemeinschaft kann jedoch nicht geschlossen werde

dass die Öffentlichkeit sämtliche Beschlüsse von NATO und
EU gutheißen. Vielmehr nimmt die deutsche Bevölkerung
Interessendivergenzen zwischen den Partnern wahr und ist
bereit, die eigenen Positionen und nationale Interessen zu vertreten – selbst gegenüber den Vereinigten Staaten.

3. *eine differenzierte Haltung zu militärischer Gewalt und den
   Aufgaben der Bundeswehr*: In der Literatur findet sich zuweilen
   die Einschätzung, die Deutschen seien eine pazifistische Nation
   geworden (vgl. Krippendorff 2010). Dies würde bedeuten, dass die
   deutsche Gesellschaft militärischer Gewalt generell skeptisch bis
   ablehnend gegenübersteht. Wie die einschlägigen Untersuchungen allesamt zeigen, ist dies keineswegs der Fall. Die deutsche
   Bevölkerung lehnt weder die Streitkräfte als solche noch den
   Einsatz militärischer Mittel grundsätzlich ab. Vielmehr gibt es
   zu unterschiedlichen Einsatzarten und Aufgaben abweichende
   Haltungen. So ist die Landesverteidigung als Aufgabe für die
   Bundeswehr ebenso unumstritten wie deren Einsatz im Rahmen
   von Hilfeleistungen und humanitären Maßnahmen im In- wie
   Ausland. Die Bündnisverteidigung trifft auf den Zuspruch einer
   Mehrheit der deutschen Bevölkerung, wenngleich dieser geringer ausfällt als die Unterstützung für die Landesverteidigung
   und sich in konkreten Einsatzszenarien nochmals reduzieren
   kann. Die Entsendung der Bundeswehr zur Stabilisierung von
   Krisenregionen und zum Konfliktmanagement wird ebenfalls
   nicht per se abgelehnt. Vielmehr unterscheidet die Bevölkerung
   sehr genau nach dem konkreten Einsatzzweck, den sicherheitspolitischen Rahmenbedingungen und dem Charakter des
   Einsatzes militärischer Mittel. Gibt es für eine Auslandsmission
   eine völkerrechtliche Absicherung, etwa durch ein Mandat der
   Vereinten Nationen, geschieht der Einsatz im breiten multinationalen Rahmen und konzentriert er sich auf die Stabilisierung
   einer Region, dann ist die Zustimmung tendenziell höher. Den

offensiven Einsatz militärischer Gewalt lehnt die Mehrheit der deutschen Bevölkerung jedoch explizit ab.

Der seit fast zwei Jahrzehnten andauernde Afghanistaneinsatz eignet sich bestens, um die vorhandenen Diskrepanzen zu illustrieren (vgl. Biehl et al. 2011). Mit zunehmender Dauer, ausbleibenden Erfolgen, steigenden Opfern unter den eigenen Soldaten und der Zivilbevölkerung sind die Zustimmungsraten zu dieser Mission gesunken. Divergenzen bestanden nicht alleine hinsichtlich der Frage, ob und inwiefern ein Staat und seine Streitkräfte an der Afghanistanmission teilnehmen sollten. Auch hinsichtlich der dort zu erfüllenden Aufgaben war eine Lücke zwischen politischem Willen, militärischem Auftrag und gesellschaftlicher Präferenz erkennbar. So unterstützen die europäischen Bevölkerungen unisono humanitäre Maßnahmen ihrer Soldaten und Soldatinnen in Afghanistan. Die Ausbildung der afghanischen Sicherheitskräfte, die mittlerweile im Zentrum der westlichen Bemühungen steht, fand dagegen schon einen vergleichsweise geringeren Zuspruch und wurde in einigen Ländern auch mehrheitlich abgelehnt. Die Bekämpfung der feindlichen Kräfte sahen in einer Umfrage von acht Ländern[1] nur die Briten als Kernauftrag ihrer Streitkräfte an. Die sechs an der Umfrage beteiligten kontinentaleuropäischen Bevölkerungen sprachen sich gegen Kampfaufträge ihrer Armeen aus.

Dieser Befund verdeutlicht zweierlei: Zum einen stellt entgegen einer verbreiteten Wahrnehmung hinsichtlich ihrer Haltung zur militärischen Gewalt nicht die deutsche Öffentlichkeit den Ausreißer in Europa dar. Vielmehr sind eine angelsächsische Position, die militärische Gewalt als politisches Instrument akzeptiert, und

---

[1] Die Studie umfasst Erhebungen zum sicherheitspolitischen Meinungsbild in Deutschland, Frankreich, Großbritannien, Österreich, Schweden, Spanien, der Tschechischen Republik und der Türkei.

eine kontinentaleuropäische Position, die dies zumindest mit Blick auf Interventionen skeptisch beurteilt, zu unterscheiden. Zum anderen nimmt die öffentliche Meinung weniger Einfluss auf die Entscheidung, ob sich ein Staat an einer internationalen Mission beteiligt, sehr wohl aber, wie er dies tut und welchen konkreten militärischen Beitrag er leistet (vgl. Viehrig 2010).

4 Die bundesdeutsche Sicherheitspolitik zwischen Stabilität und Wandel

Die skizzierten Konturen der bundesdeutschen strategischen Kultur – sowohl auf der Ebene der sicherheitspolitischen Eliten als auch auf der Ebene der Bevölkerung – erweisen sich ungeachtet des tiefen historischen Einschnitts der deutschen Vereinigung und der sicherheitspolitischen Ereignisse und Verwerfungen der vergangenen fast drei Jahrzehnte als bemerkenswert stabil. Es darf jedoch nicht übersehen werden, dass strategische Kulturen sicherheitspolitische Entscheidungen und insbesondere den Einsatz militärischer Mittel zwar prägen, aber nicht determinieren. Sie legen lediglich den Rahmen fest, innerhalb dessen Handlungsoptionen zur Verfügung stehen. Es ist dann Aufgabe der politisch Verantwortlichen, dieses Repertoire zu nutzen.

Im Rückblick zerfällt die deutsche Sicherheitspolitik seit der Vereinigung in zwei Phasen: Während das erste Jahrzehnt nach der Wiedervereinigung noch von erheblichen Veränderungen und grundlegenden Umorientierungen geprägt war, sind das Handlungsrepertoire und die Entscheidungsmuster der deutschen Sicherheitspolitik seit Beginn der 2000er Jahre im Kern unverändert geblieben. Bereits unmittelbar nach der deutschen Einheit stand die Bundesrepublik vor der Frage, ob sie sich an der Seite der westlichen Partner am Golfkrieg zur Vertreibung der irakischen

Truppen aus Kuwait beteiligen sollte. Nicht zuletzt aufgrund breiter gesellschaftlicher Widerstände und Proteste verzichtete die Bundesregierung auf die Entsendung deutscher Truppen und leistete stattdessen massive finanzielle Unterstützung. Als Reaktion auf diese als Scheckbuchdiplomatie empfundene Entscheidung vollzog sich in den 1990er Jahren ein sukzessiver Wandel der deutschen Sicherheitspolitik. Die Bundeswehrengagements weiteten sich geografisch, quantitativ und qualitativ aus. Auf den humanitären Einsatz von Sanitätern in Kambodscha folgte die Entsendung von bewaffneten Verbänden ins Bürgerkriegsland Somalia. Auf die Stabilisierungsmission in Bosnien folgte die Beteiligung an den Luftschlägen im Kosovokrieg. Diese Entwicklung mündete in den Afghanistaneinsatz, der im Laufe der Zeit an politischer und militärischer Brisanz gewann und Ende der 2000er Jahre „kriegsähnliche Zustände" (so der damalige Verteidigungsminister zu Guttenberg; vgl. Noetzel und Schreer 2007) aufwies.

Hinsichtlich der sicherheitspolitischen Entscheidung, ob sich die Bundesrepublik mit Soldaten und Soldatinnen an internationalen Militärmissionen beteiligt, hat sich seit Anfang der 2000er Jahre jedoch eine erhebliche und selten bemerkte Stabilität – Kritiker würden von Stagnation sprechen – eingestellt. Seit dem Engagement in Afghanistan hat es keine qualitative Ausweitung von Bundeswehrmissionen mehr gegeben. Die derzeitigen Verpflichtungen – sei es in Mali oder weiterhin in Afghanistan – folgen Mustern und Zielen, die bereits das ISAF-Engagement prägten. Auch in quantitativer Hinsicht erreichten die Auslandseinsätze Mitte der 2000er Jahre ihren Zenit. Damals waren mehr als 10.000 Soldaten und Soldatinnen weltweit im Einsatz, heutzutage sind es weniger als 4.000. In wegweisenden Momenten hat sich die Bundesrepublik seit dem Afghanistanengagement stets gegen die Beteiligung an internationalen Missionen, zumal gegen Kampfeinsätze, entschieden. Dies gilt für das deutsche Nein zum Irakkrieg 2003, für die Entscheidung, sich im Libyenkrieg 2011 gegen die westlichen Partner zu stellen, wie für die eher passive und periphere Rolle der Bundeswehr im Syrienkrieg.

Woher kommt die bemerkenswerte Abneigung der Bundesrepublik, sich militärisch in internationalen Konflikten zu engagieren? Weshalb nimmt die Bundesrepublik wiederholt in Kauf, sich gegen die amerikanischen und europäischen Partner zu stellen, obwohl die Westbindung – sowohl im transatlantischen als auch im europäischen Rahmen – doch als Wesenskern der bundesrepublikanischen Außen- und Sicherheitspolitik gilt? Wieso sträubt sich die Bundesrepublik trotz erheblichen internationalen Drucks so hartnäckig, ihre Streitkräfte in Kampfeinsätze zu entsenden? Weshalb finden die wiederholten rhetorischen Bekenntnisse – verwiesen sei nur auf den sogenannten Münchner Konsens, als auf der Münchner Sicherheitskonferenz sich sowohl der Bundespräsident als auch der Außenminister und die Verteidigungsministerin zu einer auch militärisch aktiveren Rolle Deutschlands bekannten – keinen Niederschlag in entsprechenden Entsendeentscheidungen?

In der wissenschaftlichen Literatur wie in der breiten Öffentlichkeit findet sich wiederholt der Verweis auf die historischen Erfahrungen, die für diese militärische Zurückhaltung verantwortlich seien.[2] Demnach sei die Bundesrepublik aufgrund der Lehren aus zwei Weltkriegen ein im Kern pazifistisches Land, das kriegerische Gewalt ablehne und militärische Zurückhaltung übe (vgl. Krippendorff 2010). Deutschland falle es aufgrund seiner Geschichte schwer, die Bundeswehr so vorbehaltlos einzusetzen wie dies die meisten der westlichen Partner tun. Doch können die historischen Erfahrungen kaum als Erklärung dienen. Schließlich

---

2   Vgl. hierzu auch Baumann und Hellmann (2001), Geis (2005), Gordon (1994), Hellmann (1997), Junk und Daase (2013), Maull (2007), Meiers (2010) und Wagener (2006).

prägte die bewusste Auseinandersetzung mit ihnen bereits die sicherheitspolitische Dynamik der 1990er Jahre.

Entscheidender scheint der Umstand, dass es an politisch relevanten Kräften fehlt, die engagiert für eine Ausweitung militärischer Missionen eintreten. Dieser Mangel an *political entrepreneurs* ist wiederum darauf zurückzuführen, dass Zweifel an der Funktionalität militärischer Mittel in der politischen Elite ebenso verbreitet sind wie in der breiten Öffentlichkeit. Blickt man auf die sicherheitspolitischen Debatten, dann gibt es in Deutschland durchaus eine Fraktion, die für ein auch militärisch ausgreifenderes Engagement der Bundesrepublik argumentiert und eintritt. Dazu zählen Vertreter und Vertreterinnen von Thinktanks ebenso wie Wissenschaftler und Wissenschaftlerinnen, Abgeordnete und teilweise Angehörige der Exekutive (wie etwa auf der Münchner Sicherheitskonferenz 2014). Von diesen Zirkeln wird mit Stellungnahmen, Positionspapieren, Veranstaltungen und öffentlichkeitswirksamen Reden für eine größere Bereitschaft, die Bundeswehr einzusetzen, geworben (vgl. jüngst die Beiträge der Zeitschrift des Deutschen Reservistenverbandes *loyal* vom Mai 2018). Als Argument für die Ausweitung des militärischen Engagements wird dabei selten auf dessen Fähigkeit zur Problemlösung hingewiesen. Stattdessen dominieren bündnislogische Argumente. Demnach könne man als wirtschaftlich und politisch bedeutende europäische Macht nicht abseitsstehen, wenn die Partner agieren. Diese Argumentation verweist mithin eher auf Sekundäreffekte wie den internationalen politischen Stellenwert als auf die Primärwirkung. In der öffentlichen Diskussion treffen diese Stimmen stets auf Widerstand und Kritiker und Kritikerinnen warnen vor einer Militarisierung der deutschen Außen- und Sicherheitspolitik. Doch es ist weniger dieser Widerstand, der die Bemühungen der Fürsprecher und -sprecherinnen ins Leere laufen lässt. Vielmehr sind es die konkreten sicherheitspolitischen Entscheidungen – insbesondere seit 2001 –, die für eine Konstan-

der bundesdeutschen strategischen Kultur sorgen. So wurde mit
dem Nein zum Irakkrieg und zu den Luftschlägen gegen Libyen,
die beide mit erheblichen internationalen Kosten verbunden gewesen sind, von den politisch Verantwortlichen dokumentiert,
dass man der in (Sonntags-)Reden gerne sich selbst attestierten
„größeren Verantwortung Deutschlands" keine Taten, jedenfalls
keine militärischen Taten, folgen lässt. Die Öffentlichkeit nimmt
diese Diskrepanzen zwischen rhetorischem Anspruch und konkreten Entscheidungen sehr genau wahr. Allein die Schere zwischen
Wort und Tat hemmt bereits alle Anstrengungen der erwähnten
Protagonisten, die eine strategisch-kulturelle Neuorientierung der
Bundesrepublik anstreben.

Ein Zweites kommt mit Blick auf die Bevölkerung (und mut-
maßlich auch mit Blick auf die politisch Verantwortlichen) hinzu:
Gesellschaftliches Lernen und der Wandel strategischer Kulturen
setzt Exempel voraus. Diese können negativ konnotiert sein, wie
das Beispiel des Zweiten Weltkrieges zeigt – daher „Nie wieder".
Exempel können selbstverständlich aber auch positiv sein und
wirken. Dann orientiert man sich an Vorbildern, die dem eigenen
Muster zunächst zuwiderlaufen, aber so erfolgreich sind, dass sie
einen Denkprozess anstoßen und eine Umorientierung nach sich
ziehen. In der sicherheitspolitischen Rückschau über die letzten
drei Jahrzehnte fehlt es schlichtweg an Positivbeispielen, die sub-
stanzielle Veränderungen der bundesdeutschen strategischen
Kultur anstoßen könnten. Gerade mit Blick auf militärische Interventionen ist sowohl national als auch global eine bestenfalls
gemischte Bilanz zu ziehen. Die Engagements der Bundeswehr
taugen kaum als Erfolgsgeschichte. Der immer noch andauernde
Afghanistaneinsatz hat weder die anfänglichen – sicherlich überzo-
genen – Erwartungen an Demokratisierung und Modernisierung
erfüllt noch ein Mindestmaß an regionaler Sicherheit produziert,
das einen Abzug der westlichen Truppen erlauben würde. Befragt

nach den Folgen des ISAF-Engagements zogen die Bundesbürger und -bürgerinnen bereits vor Jahren ein negatives Fazit (vgl. Wanner und Bulmahn 2013, S. 46). Bemerkenswerterweise wurde dabei sogar eine Verschlechterung der hiesigen Sicherheitslage konstatiert, was dem politischen Diktum, Deutschland werde am Hindukusch verteidigt, diametral entgegenläuft. Die Bilanz der Bundeswehrengagements auf dem Balkan ist im Vergleich dazu sicherlich positiver. Als echte Erfolgsgeschichten, die ein Umdenken der deutschen Öffentlichkeit anstoßen könnten, sind aber auch diese Missionen kaum geeignet. Die derzeit laufenden Einsätze, etwa im Nahen Osten und in Mali, die nur eine begrenzte öffentliche Aufmerksamkeit erfahren, können hinsichtlich ihrer langfristigen Wirkungen noch nicht bewertet werden. Es ist jedoch keineswegs kühn zu behaupten, dass auch diese Engagements eher gemischte Resultate hervorbringen werden, wodurch die gesellschaftlichen Vorbehalte gegen militärische Mittel erneute Bestätigung erfahren.

Diesen durchwachsenen Bilanzen der abgeschlossenen und laufenden Einsätze stehen die Erfahrungen entgegen, die sich aus dem Nein zum Irak- und Libyenkrieg ergeben. Es gibt keine politisch oder gesellschaftlich relevante Kraft in Deutschland, die die Nichtteilnahme der Bundesrepublik und der Bundeswehr an diesen Kriegen bedauert und in der Rückschau für einen Fehler hält. Zwar werden in beiden Fällen die Vertrauensverluste bei den transatlantischen und europäischen Partnern anerkannt. In Bezug gesetzt zu den Auswirkungen des militärischen Eingreifens relativieren sich diese Reputationskosten jedoch erheblich. Der Irakkrieg setze Spannungen und Konflikte frei, die sich bis in die Gegenwart gewaltsam entladen. Der Nahe Osten insgesamt ist dauerhaft destabilisiert, der Einfluss des Iran gestiegen und der Ruf der westlichen Staatengemeinschaft nicht nur in dieser Region auf unbestimmte Zeit diskreditiert. In Libyen zeigen sich ähnliche Entwicklungen. Das Land ist ebenso wie der Irak (nicht nur) politisch gespalten. Eine wirksame Zentralregierung existiert nicht, was terroristischen Gruppen ebenso wie kriminellen Banden Räume und Gelegenheiten eröffnet. Die verheerenden Bedingungen der Massenmigration aus und über Libyen, das Treiben der Schlepperbanden, die Tausenden von Ertrunkenen im Mittelmeer (worauf mittlerweile wiederum mit Marineeinsätzen militärisch reagiert wurde) sind das direkte Ergebnis des durch das Eingreifen der westlichen Mächte evozierten Staatszerfalls in Libyen. Mithin ziehen die Bundesbürger und -bürgerinnen aus den sicherheitspolitischen Krisen und Konflikten der vergangenen Jahrzehnte im Zweifel den Schluss, dass sich militärische Interventionen nicht lohnen, dass sie nicht-intendierte Folgen evozieren, dass sie die Sicherheitslage eher verschlechtern und mit unnötigen Opfern – sowohl unter den eigenen Soldaten und Soldatinnen als auch unter den Zivilisten und Zivilistinnen in den Einsatzländern – einhergehen.

Es besteht in der internationalen Politik kein Vorbild, das den Eindruck vermitteln könnte, dass sich der Einsatz militärischer Gewalt lohnt, sich bei ihm die erhofften beziehungsweise versprochenen Wirkungen zeigen und durch militärische Interventionen sicherheitspolitische Probleme gelöst werden. Angesichts der abschreckenden Erfahrungen und der fehlenden Exempel steht ein grundlegender Wandel der bundesdeutschen strategischen Kultur weder auf der gesellschaftlichen Ebene noch auf Ebene der politischen Entscheidungsträger und -trägerinnen zu erwarten.

5 Die Rückkehr der Bündnisverteidigung: Eine neue Balance in der bundesdeutschen strategischen Kultur?

Die strategische Kultur der Bundesrepublik ist geprägt durch ein Nebeneinander von fester Einbindung in die westliche Staatengemeinschaft, einem Ziel, das von weiten Teilen der sicherheitspolitischen Entscheidungsträger und der Bevölkerung geteilt wird, und einer differenzierten Haltung zum Einsatz militärischer Mittel. In den fast drei Dekaden seit der deutschen Vereinigung ist es vornehmlich darum gegangen, einen Ausgleich zu finden zwischen dem Gebot des gemeinsamen Handelns in den westlichen Bündnissen, das sich in der Teilnahme der Bundeswehr an internationalen Missionen konkretisierte, und der verbreiteten Skepsis der deutschen Bevölkerung gegen den offensiven Einsatz militärischer Gewalt. Dies konnte nur gelingen, indem die militärischen Mittel restriktiv zum Einsatz kamen. So wurde von den Partnern und Verbündeten wiederholt Kritik am Agieren der deutschen Truppen in den Balkaneinsätzen und in Afghanistan geübt und hielt sich Deutschland ungeachtet der damit verbundenen Vertrauens- und Reputationsverluste aus den Kriegen im Irak und in Libyen heraus.

Mit der Renaissance der Bündnisverteidigung, die Ergebnis der russischen Aggression in der Ukraine und der Besetzung der Krim ist, besteht die Notwendigkeit einer Neujustierung der deutschen Sicherheits- und Verteidigungspolitik. Ob dies zu einem erneuten Ausgleich zwischen strategischer Kultur und sicherheitspolitischen Handlungen führt, ist offen. Zwar zeigen einschlägige Untersuchungen einen hohen generellen Zuspruch der Bundesbürger und -bürgerinnen für Verteidigungsaufgaben der Bundeswehr. Die bislang ergriffenen Maßnahmen treffen jedoch auf ein geteiltes Echo. Gelingt es nicht, einen gesellschaftlichen und sicherheitspolitischen Konsens über das deutsche Engagement im Rahmen der Bündnisverteidigung zu erzielen, dann droht eine Diskrepanz zwischen sicherheitspolitischen Entscheidungen und gesellschaftlichen Präferenzen, die bereits die vergangenen drei Jahrzehnte prägte. Die deutsche Sicherheitspolitik wird sich folglich weiterhin als Suche nach einem Ausgleich zwischen militärischer Zurückhaltung und Bündnistreue präsentieren.

Literatur

Baumann, Rainer und Gunther Hellmann. 2001. Germany and the Use of Military Forces. "Total War", the "Culture of Restraint", and the Quest for Normality. *German Politics* 10 (1): 61–82.

Biehl, Heiko, Rüdiger Fiebig, Bastian Giegerich, Jörg Jacobs und Alexandra Jonas. 2011. *Strategische Kulturen in Europa. Die Bürger Europas und ihre Streitkräfte*. Strausberg: Sozialwissenschaftliches Institut der Bundeswehr.

Biehl, Heiko, Bastian Giegerich und Alexandra Jonas (Hrsg.). 2013. *Strategic Cultures in Europe. Security and Defence Policies Across the Continent*. Wiesbaden: Springer VS.

Europäische Union (EU). 2003. *European Security Strategy – A Secure Europe in a Better World*. Brüssel: Europäische Union.

Geis, Anna. 2005. *Die Zivilmacht Deutschland und die Enttabuisierung des Militärischen*. Frankfurt a. M.: Hessische Stiftung Friedens- und Konfliktforschung.

Giegerich, Bastian. 2006. *European Security and Strategic Culture. National Responses to the EU's Security and Defence Policy*. Baden-Baden: Nomos.

Göler, Daniel. 2010. Die strategische Kultur der Bundesrepublik – Eine Bestandsaufnahme normativer Vorstellungen über den Einsatz militärischer Mittel. In *Friedensethik und Sicherheitspolitik. Weißbuch 2006 und EKD-Friedensdenkschrift 2007 in der Diskussion*, hrsg. von Angelika Dörfler-Dierken und Gerd Portugall, 185–199. Wiesbaden: VS Verlag für Sozialwissenschaften.

Gordon, Philip H. 1994. Berlin's Difficulties. The Normalization of German Foreign Policy. *Orbis* 38 (2): 225–243.

Hellmann, Gunther. 1997. Jenseits von „Normalisierung" und „Militarisierung". Zur Standortdebatte über die neue deutsche Außenpolitik. *Aus Politik und Zeitgeschichte* 47 (1-2): 24–33.

Junk, Julian und Christopher Daase. 2013: Germany. In *Strategic Cultures in Europe. Security and Defence Policies Across the Continent*, hrsg. von Heiko Biehl, Bastian Giegerich und Alexandra Jonas, 139–152. Wiesbaden: Springer VS.

Krippendorff, Ekkehart. 2010. Für einen deutschen Pazifismus. *Blätter für deutsche und internationale Politik* 55 (7): 91–97.

Longhurst, Kerry. 2000. The Concept of Strategic Culture. In *Military Sociology. The Richness of a Discipline*, hrsg. von Gerhard Kümmel und Andreas Prüfert, 301–310. Baden-Baden: Nomos.

Macmillan, Alan, Ken Booth und Russell Trood. 1999. Strategic Culture. In: *Strategic Cultures in the Asia-Pacific Region*, hrsg. von Ken Booth und Russell Trood, 3–26. New York: St. Martin's Press.

Maull, Hanns. 1990/91. Germany and Japan. The New Civilian Powers. *Foreign Affairs* 69 (5): 91–106.

Maull, Hanns. 2007. Deutschland als Zivilmacht. In *Handbuch zur deutschen Außenpolitik*, hrsg. von Siegmar Schmidt, Gunther Hellmann und Reinhard Wolf, 73–84. Wiesbaden: VS Verlag für Sozialwissenschaften.

Meiers, Franz-Josef. 2010. Von der Scheckbuchdiplomatie zur Verteidigung am Hindukusch. Die Rolle der Bundeswehr bei multinationalen Auslandseinsätzen 1990–2009. *Zeitschrift für Außen- und Sicherheitspolitik* 3 (2): 201–222.

Meyer, Christoph O. 2006. *The Quest for a European Strategic Culture. Changing Norms on Security and Defence in the European Union.* Basingstoke: Palgrave Macmillan.

Mutz, Reinhard. 2006. In der Bündnisfalle. Verschiebt sich die militärisch-zivile Balance deutscher Außenpolitik? In *Friedensgutachten 2006*, hrsg. von Reinhard Mutz, Bruno Schoch, Corinna Hauswedell, Jochen Hippler und Ulrich Ratsch, 266–274. Münster: LIT.

Noetzel, Timo und Benjamin Schreer. 2007. Krieg oder Nicht-Krieg? Die deutsche Politik darf sich nicht länger um eine ernsthafte Debatte über den Bundeswehreinsatz in Afghanistan drücken. *Internationale Politik* 62 (4): 100–105.

Seppo, Antti. 2017. *From Guilt to Responsibility and Beyond? Change in German Strategic Culture after the End of the Cold War.* Helsinki: Helsinki University Press.

Snyder, Jack L. 1977. *The Soviet Strategic Culture. Implications for Limited Nuclear Operations.* Santa Monica: Rand Corporation.

Steinbrecher, Markus, Heiko Biehl und Chariklia Rothbart. 2017. *Sicherheits- und verteidigungspolitisches Meinungsbild in der Bundesrepublik Deutschland. Erste Ergebnisse der Bevölkerungsbefragung 2017.* Potsdam: Zentrum für Militärgeschichte und Sozialwissenschaften der Bundeswehr.

Viehrig, Henrike. 2010. *Militärische Auslandseinsätze. Die Entscheidungen europäischer Staaten zwischen 2000 und 2006.* Wiesbaden: VS Verlag für Sozialwissenschaften.

Wanner, Meike und Thomas Bulmahn. 2013. *Sicherheits- und verteidigungspolitisches Meinungsklima in der Bundesrepublik Deutschland. Ergebnisse der Bevölkerungsumfrage 2012.* Potsdam: Zentrum für Militärgeschichte und Sozialwissenschaften der Bundeswehr.

Wagener, Martin. 2006. Normalization in Security Policy? Deployments of Bundeswehr Forces Abroad in the Era Schröder 1998–2004. In *Germany's Uncertain Power. Foreign Policy of the Berlin Republic,* hrsg. von Hanns Maull, 79–92. New York: Palgrave.

Militärische Zurückhaltung und Bündnissolidarität im Spiegel militärsoziologischer Studien

Nina Leonhard

1   Einleitung

Aus der Perspektive der Forschung zur politischen Kultur, die sich auf die Androhung oder Anwendung militärischer Gewalt bezieht, ist das Handeln der Bundesrepublik Deutschland durch zwei zentrale Handlungsmaximen gekennzeichnet: *Militärische Zurückhaltung* steht für eine distanzierte bis ablehnende Bewertung des Einsatzes militärischer Mittel zur Erreichung politischer Ziele, *Bündnissolidarität* für die (Selbst-)Verpflichtung, auf militärische Alleingänge zu verzichten und stattdessen eingegangene Verträge und Kooperationsabkommen einzuhalten und sich mit den Verbündeten abzustimmen (vgl. Werkner in diesem Band). Zentral hierfür ist die theoretische Grundannahme, dass politisches Handeln durch den Bezug auf Werte und Normen geprägt ist, die sich durch eine gewisse Stabilität auszeichnen, ohne gleichwohl statisch zu sein: Indem sich die politischen Akteure auf ein bestimmtes gesellschaftsunterfüttertes normatives Fundament beziehen, um ihre Entscheidungen zu legitimieren, wird dieses aktualisiert und bestätigt – oder infrage gestellt und modifiziert.

© Springer Fachmedien Wiesbaden GmbH, ein Teil von Springer Nature 2019
I.-J. Werkner und M. Haspel (Hrsg.), *Bündnissolidarität und ihre friedensethisc*
Kontroversen, Gerechter Frieden, https://doi.org/10.1007/978-3-658-25160-4_4

Empirisch werden Kontinuität und Wandel politischer Kulturen
in der Regel durch eine Analyse öffentlicher Diskurse bestimmt,
die auf der Grundlage offizieller beziehungsweise offiziöser Doku-
mente und Verlautbarungen sowie der medialen Berichterstattung
rekonstruiert beziehungsweise durch die Ermittlung von Einstel-
lungs- und Verhaltensmustern in der Bevölkerung auf der Basis
von Umfragedaten erhoben werden (vgl. Schwab-Trapp 2002; Biehl
et al. 2013; Biehl 2015).

Interessiert man sich für die Vorstellungen und Prämissen, die
für das Militär und seine Angehörigen und damit für diejenigen
Akteure zentral sind, die die Sicherheits- und Verteidigungspolitik
eines Landes – hier: der Bundesrepublik – in der Praxis umsetzen,
sind die Erkenntnisse der Forschung zu politischen Kulturen insoweit aufschlussreich, als sie den politisch-normativen Rahmen
abzustecken erlauben, innerhalb dessen die Streitkräfte agieren und
ihr eigenes Tun reflexiv verorten können. Einen direkten Zugang
zur Logik militärischen Handelns, auf deren Erforschung die
Militärsoziologie[1] im Besonderen abhebt, eröffnen sie gleichwohl
nicht. Aus militärsoziologischer Perspektive ist daher zu fragen, wie
Soldatinnen und Soldaten ihr Tun selbst deuten und bewerten und
welche im Vergleich zu den genannten Maximen alternative Vorstellungen und Bezüge für sie gegebenenfalls von Bedeutung sind. Im
Fall der Bundeswehr ist diese Frage von besonderer Relevanz, da der
politisch-normative Rahmen wenn nicht in Widerspruch, so doch
zumindest in Spannung zur professionellen Aufgabenbeschreibung
des Militärs als Repräsentant des staatlichen Gewaltmonopols
zu stehen scheint: Während Bündnissolidarität die (historisch

---

[1] Die Militärsoziologie untersucht Funktionsbedingungen und Funk-
     tionslogiken der Streitkräfte als organisationalem Großverband und
     gesellschaftlicher Institution und betrachtet hierbei insbesondere
     die innerhalb des Militärs handelnden Akteure sowie Art(en) und
     Umstände ihres Handelns (vgl. Leonhard und Werkner 2012).

gewachsene) Rolle des Militärs als Symbol und Garant (national) staatlicher Souveränität und Ordnung (vgl. Kantner und Sandawi 2012) tangiert und (potenziell) beschränkt, berührt der politische Grundsatz der militärischen Zurückhaltung den professionellen Kern von Streitkräften schlechthin, nämlich organisierte Gewalt vorzubereiten, anzudrohen sowie anzuwenden.

Eine empirische Studie, die dieses Spannungsfeld explizit untersucht, liegt derzeit nicht vor. Aus der bestehenden Forschungsliteratur lassen sich dennoch Erkenntnisse darüber gewinnen, wie sich Angehörige der Bundeswehr mit den politischen Rahmenbedingungen ihres beruflichen Handelns auseinandersetzen und sich aus soldatischer Sicht dazu positionieren. Dies wird im Folgenden anhand von drei Schlaglichtern beleuchtet: Zuerst werden ausgewählte Befunde zu soldatischen Berufsbildern präsentiert, die zu Beginn der 2000er Jahre erhoben wurden. Danach erfolgt eine Darstellung von Untersuchungsergebnissen zur multinationalen Kooperation im Rahmen von Militärmissionen auf dem Balkan, bevor abschließend Einsichten zum Umgang mit Gewalterfahrungen im Kontext des Einsatzes der Bundeswehr in Afghanistan diskutiert werden. Anhand dieser Rekapitulation ausgewählter Forschungsarbeiten lässt sich der Wandel der Bundeswehr hin zu einer „Armee im Einsatz" auf der Ebene soldatischer Berufsbilder und Identitäten im zeitlichen Verlauf nachvollziehen. Dabei wird ersichtlich, dass die Beteiligung der Bundeswehr an internationalen Militäreinsätzen eine auftragsbezogene Annäherung an diejenigen militärischen Standards und Werte bedingte, die von den verbündeten Streitkräften allgemein geteilt werden. Dieser Wandel der Bundeswehr spiegelt den Wandel der politischen Kultur des Krieges, der sich in der Bundesrepublik seit den 1990er Jahren vollzieht (vgl. Schwab-Trapp 2002, 2007), in Teilen wider, folgt aber auch einer eigenen, professions- wie organisationsbezogenen Logik.

2   Befunde zu soldatischen Berufsbildern zu Beginn der 2000er Jahre

Wie nehmen Soldaten ihre berufliche Tätigkeit bei der Bundeswehr wahr und bewerten diese? Diese Frage wurde Anfang der
2000er Jahre im Rahmen einer qualitativen empirischen Studie
untersucht (vgl. Leonhard 2007, 2010). Ziel war es, Vorstellungen,
Erwartungen sowie Erfahrungen in Bezug auf den Soldatenberuf
aus soldatischer Sicht herauszuarbeiten und in Form einer Typo-
logie zu kategorisieren. Als Grundlage für die Analyse dienten
berufsbiografische Interviews mit jungen Männern aus Ost- und
Westdeutschland, die sich in den 1990er Jahren längerfristig als
Unteroffizier oder Offizier bei der Bundeswehr verpflichtet hatten. Militärische Einsätze außerhalb von Bundesrepublik und
NATO-Gebiet gehörten zu diesem Zeitpunkt bereits zum nor-
malen, das heißt zu dem von den befragten Soldaten als normal
angesehenen Aufgabenspektrum der Bundeswehr dazu. Etwa
ein Fünftel der 55 Interviewpartner verfügte bereits über eigene
militärische Auslandserfahrungen.

Die auf der Grundlage des Interviewmaterials durchgeführte
Deutungsmusteranalyse zeigte mit Blick auf das Thema Auslandseinsätze (vgl. hierzu und im Folgenden Leonhard 2007, S. 69ff.),
dass die Soldaten die internationale Orientierung der Bundeswehr
durch die Beteiligung an internationalen Militärmissionen grundsätzlich befürworteten, auch wenn sie die konkrete Organisation
der Einsätze und insbesondere die damit verbundenen Folgen für
die Angehörigen der Bundeswehr und ihrer Familien mitunter
kritisch beurteilten. Hinsichtlich der politischen Legitimation der
Auslandseinsätze zog sich die positive Berufung auf die deutsche
Einbindung in internationale Bündnisse und die Kooperation mit
den Partnernationen wie ein roter Faden durch die Gespräche (Leonhard 2007, S. 70). Auch wenn einige der befragten Soldaten die

aus ihrer Sicht vorschnell erfolgte Relativierung des militärischen Auftrags der Landesverteidigung bemängelten, stand für sie übereinstimmend fest, dass das vereinigte Deutschland international mehr Verantwortung übernehmen und sich auch militärisch an internationalen Missionen beteiligen müsse. Als legitime Einsatzoptionen der Bundeswehr kamen für die Interviewpartner damals allerdings nur Friedensmissionen infrage – und keine militärischen Kampfeinsätze.[2]

Diese Befunde aus den Jahren 2003–2005 scheinen zunächst auf eine weitgehende Übereinstimmung der Haltungen des militärischen Personals der Bundeswehr mit den in Politik und Öffentlichkeit vertretenen politischen Grundsätzen im Bereich der Außen- und Sicherheitspolitik hinzudeuten. Eine dritte Beobachtung aus diesem Projekt lässt jedoch noch eine weitere, etwas anders gelagerte Dimension erkennen: Wenn im Rahmen der Interviews die Frage zur Sprache kam, welche Rolle die Bundesrepublik in politischer beziehungsweise militärischer Hinsicht international spielen solle, wurde dies in der Regel unter Verweis auf die USA beantwortet. Die entsprechenden Äußerungen waren durch eine Ambivalenz gekennzeichnet, die sich als eine Mischung aus Bewunderung und Ablehnung beschreiben lässt. Während von den befragten Soldaten auf der einen Seite mitunter sehr deutliche Kritik an der US-amerikanischen Politik gegenüber dem Irak – das damals außen- und sicherheitspolitisch zentrale Thema – geäußert wurde, stellten die US-Streitkräfte auf der anderen Seite den militärischen Referenzpunkt schlechthin dar. Entsprechend

---

2 Die in der politischen Öffentlichkeit hoch umstrittene Beteiligung der Bundeswehr am NATO-Kampfeinsatz im Kosovo 1999 spielte hier als abweichender Referenzpunkt keine Rolle – möglicherweise weil aus militärischer Sicht der KFOR-Einsatz der Bundeswehr im Kosovo zum Zeitpunkt der Interviews ähnlich wie der Einsatz in Bosnien-Herzegowina als Stabilisierungseinsatz aufgefasst wurde.

betonten die Interviewpartner die „positiven" Seiten eines weniger martialischen Auftretens, wie es für die Bundeswehr in den ersten Jahren des Afghanistaneinsatzes typisch war, beispielsweise im Hinblick auf den Umgang mit der einheimischen Bevölkerung. Ihnen war dabei bewusst, dass es zwischen der Bundeswehr als einer, wie es ein Interviewpartner formulierte, „soft scale-Armee" (Leonhard 2007, S. 71) und „richtigen" Streitkräften, wie sie das US-Militär verkörpert(e), deutliche Unterschiede gab: Diese fielen wenn auch nicht unbedingt in politischer, so doch in militärischer Hinsicht, in puncto militärische Kampf- und Schlagkraft, eindeutig zugunsten der Amerikaner und zulasten der eigenen Streitkräfte aus. Im Rückblick scheint die von den Interviewpartnern allgemein befürwortete (Neu-)Ausrichtung der Bundeswehr auf internationale Stabilisierungseinsätze daher nicht nur das normativ Gewünschte, sondern auch das aus soldatischer Sicht zum damaligen Zeitpunkt militärisch Machbare widerzuspiegeln.

3   Befunde zur Militärkooperation im Einsatz Mitte der 2000er Jahre

Militärische Multinationalität, das heißt die längerfristige, koordinierte Zusammenarbeit zwischen Militärangehörigen verschiedener Nationen in gemeinsamen Strukturen über verschiedene Hierarchieebenen hinweg, ist ein zentrales Kennzeichen heutiger internationalen Militärmissionen. Wie militärische Multinationalität unter Einsatzbedingungen konkret funktioniert, wurde unter anderem 2006 im Rahmen einer Studie über die multinationale Zusammenarbeit im *Headquarter* der *Multinational Task Force South East* (MNTF SE) in Mostar im Kontext der EUFOR-Mission in Bosnien-Herzegowina untersucht, in dem neben deutschen Soldatinnen und Soldaten auch Angehörige der französischen, italienischen und spanischen Streitkräfte stationiert waren (vgl. Leonhard et al. 2008). Die Analyse beruhte auf quantitativen wie qualitativen Befragungen von Militärangehörigen der vier Nationen, die vor Ort durchgeführt wurden mit dem Ziel, die Interaktions- und Kommunikationsprozesse zwischen den Soldatinnen und Soldaten der beteiligten Länder zu untersuchen und Faktoren zu identifizieren, die militärische Kooperation befördern oder erschweren.

Wie schon in anderen Studien zur bi- oder multinationalen Zusammenarbeit (vgl. Gareis und vom Hagen 2004; vom Hagen et al. 2006; Leonhard und Gareis 2008) zeigte sich bei den Befragungen in Mostar, dass die deutschen Soldatinnen und Soldaten gerne mit Angehörigen anderer Streitkräfte zusammenarbeiteten. Sie nahmen sich trotz aller Herausforderungen und Schwierigkeiten, die in der konkreten Praxis zum Beispiel aufgrund von Verständigungsproblemen und unterschiedlichen nationalen Arbeitsweisen damit einhergingen, als deutscher Teil eines europäischen Streitkräftekollektivs wahr und identifizierten sich mit Freude mit dieser Rolle.

Mit der positiv konnotierten Deutung dieses Einsatzes als europäisch, verbunden mit den konkreten Erfahrungen der multinationalen Zusammenarbeit vor Ort, ging allerdings zugleich eine intensive Auseinandersetzung mit der eigenen Rolle im Rahmen der EUFOR-Mission sowie insbesondere bei der *Multinational Task Force South East* am Standort Mostar einher. Multinationale Streitkräftekooperation bedeutet in der militärischen Praxis die Konfrontation mit unterschiedlichen nationalen Regelungen und Vorschriften, die nicht nur die einsatzbezogene Auftragsdefinition, sondern auch den Dienstalltag berühren, und geht daher stets mit einer beträchtlichen Zunahme von Komplexität einher. In der Fallstudie zu Mostar zeigte sich dies insbesondere in den Widersprüchen, die sich aus den national je unterschiedlichen

Interpretationen der Sicherheitslage und den daraus abgeleiteten
Bestimmungen für die Soldaten ergaben. Während für die Angehörigen des deutschen Kontingents in Mostar beispielsweise
lange Zeit Uniformpflicht auch nach Dienstschluss herrschte und
diese das Feldlager nur am Sonntag verlassen durften, war es den
italienischen Soldaten auch unter der Woche erlaubt, abends in
ziviler Kleidung in die Stadt zu gehen. Die Wahrnehmung derar-
tiger Diskrepanzen unterminierte das Vertrauen der deutschen
Soldaten in die Entscheidungen der übergeordneten deutschen
Führung, die in einem anderen Feldlager (in Rajlovac bei Sarajewo)
stationiert war, und verstärkte die Vorbehalte, die bei einem Teil der
deutschen Soldatinnen und Soldaten ohnehin bezüglich der Ziele
und Zwecke dieses konkreten Bundeswehreinsatzes bestanden.
Dieser galt im Vergleich zu anderen Einsätzen – namentlich der
ISAF-Mission in Afghanistan – generell als wenig prestigeträchtig
und daher wenig attraktiv.

In der Tat befand sich der Einsatz in Bosnien-Herzegowina zum
Zeitpunkt der Untersuchung (August/September 2006) in seiner
damaligen Form im Auslaufen. Die *Multinational Task Force South
East*, zu der die deutschen Soldaten gehörten, wurde ein gutes halbes
Jahr später aufgelöst, das deutsche Truppenkontingent, das zum
Zeitpunkt der Untersuchung rund 900 Soldatinnen und Soldaten
umfasste, zahlenmäßig weiter reduziert. Vielen der in Mostar
stationierten deutschen Soldaten fiel es vor diesem Hintergrund
sichtlich schwer, ihre Position in einem Einsatz zu bestimmen, der
unter militärischen Gesichtspunkten praktisch zu Ende war. Be-
zeichnend hierfür war etwa die sich durch die Interviews ziehende
Qualifizierung des EUFOR-Einsatzes als „vergessen" (vgl. Leonhard 2008, S. 71f.). Damit war nicht nur die fehlende öffentlichen
Thematisierung und Anerkennung dieses Einsatzes und der dabei
gezeigten Leistungen der Bundeswehr in Deutschland gemeint,
sondern auch die aus Sicht vieler Interviewpartner verfehlte Ein-

satzvorbereitung zu Hause, die sich wiederum an die Adresse der eigenen Militärorganisation richtete. Militärische Aspekte – so die Kritik – hätten zu sehr im Vordergrund gestanden, wodurch bei manchen Soldatinnen und Soldaten im Vorfeld falsche Ängste beziehungsweise Erwartungen hinsichtlich der Aufgaben vor Ort, die mit Kampf und Gefahr wenig zu hatten, geweckt worden seien.

Neben solchen explizit geäußerten Kritikpunkten fiel im Rahmen der Interviews auf, wie viele deutsche Soldatinnen und Soldaten sich darum bemühten, die eigene Arbeitsmoral gegenüber der der Angehörigen anderer Nationen herauszustellen (Leonhard 2008, S. 74f.). Dies verweist auf eine Tradition deutscher Militärkultur, die Ulrich vom Hagen (2003) als „soldatisches Entbehrungsethos" gefasst hat und die mitunter auch von außen, von Angehörigen anderer Streitkräfte, so wahrgenommen wurde (vgl. Soeters und Moelker 2003, S. 65). Allerdings zeigen die Interviews zugleich sehr deutlich, dass die befragten deutschen Soldatinnen und Soldaten sehr genau wussten, dass die Angehörigen der anderen nationalen Kontingente ihre Aufgaben in Mostar oftmals auch deshalb (vermeintlich) gelassener angingen, weil sie – wie etwa das spanische Kontingent, das zuvor im Irak eingesetzt war – es sonst mit anderen Arten von Militäreinsätzen zu tun hatten. Das zu beobachtende deutsche Bekenntnis zur Arbeit erschien in diesem konkreten Fall also *auch* als Ausdruck eines soldatischen Unterlegenheitsgefühls, das die befragten Angehörigen der Bundeswehr durch das positive Herausstreichen anderer Eigenschaften – eines besonderen deutschen Arbeitsethos – zu kompensieren suchten.[3] Tatsächlich hatte sich bereits in Vorgängerstudien zum deutschen Militäreinsatz in Bosnien-Herzegowina gezeigt, dass sich deutsche Soldatinnen und

---

3 Diese Interpretation folgt den Annahmen der Theorie sozialer Identität nach Taijfel und Turner (1986). Für eine ausführlichere Anwendung dieses Ansatzes auf militärische Kooperation (im deutsch-französischen Kontext) siehe Abel (2008).

Soldaten vor Ort mitunter unwohl fühlten, weil sie befürchteten, von den Angehörigen anderer Streitkräfte aufgrund der strengen deutschen Einsatzregeln und der Fokussierung auf Diplomatie und zivil-militärische Kooperation als Vertreter einer „weichen Armee" wahrgenommen zu werden (vgl. Tomforde 2005, S. 579).

Insgesamt ließen die in Mostar durchgeführten Befragungen der Angehörigen des deutschen Kontingents also erkennen, wie wichtig es für die dort eingesetzten Soldaten war, im Rahmen dieser Friedensmission einen aus ihrer Sicht sinnvollen Beitrag leisten zu können, und wie schwer es ihnen mitunter fiel, diesen Beitrag für einen Einsatz zu bestimmen, der in der deutschen Öffentlichkeit zu Hause praktisch gar nicht mehr vorkam. Die zum Zeitpunkt der Untersuchung zu beobachtende Unzufriedenheit war sicher zu einem Teil auf den Langweile-Faktor (*boredom factor*) zurückzuführen, wie er für militärische Friedensmissionen typisch ist, da diese für die dort eingesetzten Soldatinnen und Soldaten in der Regel mit viel Routine und wenig Abwechslung verbunden sind (vgl. Harris und Segal 1985; Segal und Tiggle 1997, S. 383f.; Tomforde 2005, S. 579). Durch den ständigen Kontakt mit Angehörigen anderer europäischer Nationen und die damit einhergehenden Vergleiche sahen sich die deutschen Soldatinnen und Soldaten allerdings gleichzeitig in besonderer Weise mit Fragen zu den für sie geltenden Einsatzregeln und den dabei angelegten militärischen Standards konfrontiert. In diesem Kontext verloren die im Vergleich zu anderen Nationen weitaus restriktiveren deutschen Vorgaben sowohl in Sachen Selbstschutz als auch im Hinblick auf die Handlungsmöglichkeiten ihre an die formale Hierarchie gekoppelte Fraglosigkeit, da sie durch den direkten Abgleich mit den für die Streitkräfte anderer Nationen jeweils geltenden Regeln relativiert oder sogar konterkariert wurden. Ein Vertrauensverlust in die eigene deutsche Führung vor Ort war die Folge und verstärkte seitens der deutschen Soldatinnen und Soldaten die Neigung, sich unter militärischen Gesichtspunkten an den (Einsatz-)Vorstellungen der Streitkräfte anderer Nationen zu orientieren.

4 Befunde zum Umgang mit Gewalterfahrungen in Afghanistan ab 2006

Obwohl der erste deutsche Soldat bereits 1993 im Rahmen einer Auslandsmission zu Tode kam, ist die Frage, wie die Bundeswehr mit einsatzbedingten Gewalterfahrungen umgeht, erst im Verlauf der letzten zehn Jahre im Zusammenhang mit dem ISAF-Einsatz in Afghanistan in den Mittelpunkt der öffentlichen wie sozialwissenschaftlichen Aufmerksamkeit gerückt. Mittlerweile liegen die ersten Studien zu diesem Einsatz vor, die sich sowohl mit den Gründen für den Erfolg beziehungsweise das Scheitern der damit verfolgten Politik kritisch auseinandersetzen (vgl. u. a. Naumann 2013; Münch 2015) als auch die militärische beziehungsweise soldatische Sicht beleuchten. Für die zuletzt genannte Perspektive seien exemplarisch die Ergebnisse von Maren Tomfordes ethnographischer Studie zum kulturellen Wandel in der Bundeswehr angeführt, die sich auf den Umgang mit Gewalterfahrungen beziehen (Tomforde 2015). Grundlage der Analyse waren neben veröffentlichten (auto-)biografischen Zeugnissen Interviews und Gruppendiskussionen, die die Autorin zwischen 2009 und 2014 mit Lehrgangsteilnehmern an der Führungsakademie der Bundeswehr in Hamburg und damit mit jungen Stabsoffizieren durchgeführt hat, die zuvor am Afghanistaneinsatz teilgenommen hatten und dort in Gefechte verwickelt worden waren.

Wie Tomforde (2015, S. 220ff.) vor diesem Hintergrund erstens herausarbeitet, wurden Gefechtserlebnisse von diesen sowohl als Test als auch als Kennzeichen von beziehungsweise für die eigene

militärische Professionalität gedeutet. Im Mittelpunkt stand die Bewährung als Individuum sowie als Teil eines soldatischen Kollektivs
(Stichwort: kleine Kampfgemeinschaft) im militärischen Ernstfall
– also unter Feindeinwirkung –, bei dem das angewendet werden
konnte und musste, was zuvor lange ausgebildet und eingeübt
wurde.[4] Genau darauf gründe, so Tomforde, aus soldatischer Sicht
nicht nur die Bereitschaft, selbst zu kämpfen und unter Umständen
auch zu töten, sondern retrospektiv auch das Selbstbewusstsein,
diese existenzielle Herausforderung gemeistert zu haben.

Dieser professionelle Stolz, der auf einer gewissen „Gefechtslust"
(Tomforde 2015, S. 232) beruht, war laut Tomforde jedoch zweitens
klar zu unterscheiden von einer „Gier nach der Gefechtsmedaille"
(Tomforde 2015, S. 233), die vor allem für diejenigen Soldaten
typisch gewesen sei, die über keine eigenen Kampferfahrungen
verfügten. Tomforde spielt hier auf Vorfälle vor allem in den Jahren
2010/11 an, bei denen Angehörige der Bundeswehr in Afghanistan mitunter aktiv den Kontakt zu sogenannten Aufständischen
suchten, um ebenfalls in den Kreis derjenigen aufgenommen zu
werden, deren Leistungen mit der seit 2010 eingeführten „Ein-
satzmedaille Gefecht" offiziell gewürdigt werden. Der „Kampf um
Anerkennung" (Honneth 1994), der hier zutage trat, verweist auf
eine einsatzbedingte Reorganisation der Macht- und Einflussver-
teilung innerhalb der Bundeswehr rund um die Reaktualisierung
militärischer Gefechtserfahrung als Ausweis soldatischer Kompetenz, wie sie sich etwa in der streitkräfteinternen Debatte um die

---

4   Langer (2016) zeichnet die Herausbildung dieser Deutung von Ge-
     fechtserfahrungen als Realisierung des auf dem „Truppenübungsplatz"
     und damit im Rahmen der Ausbildung zu Hause angeeigneten pro-
     fessionellen Wissens an einem Ereignis aus dem Afghanistaneinsatz
     2010 in situ nach.

„Drinnis" und „Draussis"[5] (vgl. Bohnert 2013; Seiffert 2013) zeigte (vgl. hierzu zusammenfassend Leonhard 2018, S. 18ff.). Andere Fähigkeiten wie etwa interkulturelle Kompetenz, die seit Beginn des Afghanistaneinsatzes innerhalb der Bundeswehr stark propagiert und in der Folge sowohl im Rahmen der Ausbildung als auch in Form spezieller Einrichtungen institutionalisiert wurde (vgl. Langer 2012), verloren demgegenüber an symbolischer Bedeutung.

Tomforde (2015, S. 237ff.) hebt mit Blick auf die von ihr geführten Interviews drittens das Bedürfnis der Soldaten hervor, trotz der im Einsatz gemachten Gewalterfahrungen nach der Rückkehr nach Deutschland nicht als „freaks" behandelt zu werden, die nicht in der Lage seien, mit diesen Erfahrungen angemessen umzugehen. Dieser Wunsch nach gesellschaftlicher Normalität sei, so Tomforde, nicht zuletzt im Kontext eines vorherrschenden postheroischen Medien-Diskurses zu verstehen, der auf die problematischen Folgen der Auslandseinsätze abhebt und die Soldaten vornehmlich als Opfer repräsentiert, um so den eigenen gesellschaftlichen Wertekanon, der auf dem Gewaltverbot ruht, zu bestätigen (vgl. hierzu auch Langer 2013). Tomforde (2015, S. 242) plädiert vor diesem Hintergrund dafür, das Ein- und Ausüben militärischer Gewalt als elementaren Bestandteil des Berufsverständnisses eines professionellen Soldaten anzuerkennen. Die Soldaten der Bundeswehr könnten mit Gewalterfahrungen als integraler Bestandteil ihres soldatischen Auftrags im Einsatzland in der Regel gut umgehen, ohne sich zugleich „von den Werten und Normen ihrer heimatlichen Friedensgesellschaft zu entfernen" (Tomforde 2015, S. 242). In der Tat weisen die Ergebnisse einer Studie zu

---

5 Diese Unterscheidung hebt auf die unterschiedlichen Rollen- und Gefahrenverteilung im Rahmen eines Militäreinsatzes ab: zwischen Soldatinnen und Soldaten, die Aufgaben außerhalb des eigenen Lagers wahrnehmen und mitunter in Anschläge und Gefechte verwickelt werden, und jenen, die vor allem innerhalb des Lagers tätig sind.

„Afghanistanrückkehrern" (vgl. Seiffert und Heß 2014) darauf
hin, dass die Soldatinnen und Soldaten – von einer kleineren
Minderheit abgesehen – mit den Beanspruchungen des Einsatzes
nach eigenen Angaben überwiegend gut zurechtkamen und die
Erfahrungen aus dem Einsatz nachträglich als positiv für ihre
persönliche Entwicklung deuteten (Seiffert und Heß 2014, S. 95).

Die von Tomforde herausgearbeiteten soldatischen (Selbst-)
Deutungen, insbesondere das angesprochene professionelle Selbst-
bewusstsein, das auch in autobiografischen Darstellungen und
Stellungnahmen von Soldatinnen und Soldaten immer wieder zum
Ausdruck kommt (vgl. z. B. Glatz et al. 2018; Clair 2012), ist vor
allem in Zusammenhang mit dem Wandel der Bedingungen des
ISAF-Einsatzes zu sehen (vgl. Chiari 2013; Seiffert 2014, S. 319ff.;
Münch 2015). Politisch wie militärisch zunächst als Stabilisierungs-
einsatz konzipiert, wurden Bundeswehrangehörige im Zuge der sich
wandelnden Sicherheitslage in Afghanistan ab 2006 zunehmend
Ziel von Angriffen, auf die sie jedoch angesichts der politisch
eng gefassten Einsatzregeln nur in Form von Maßnahmen der
Selbstverteidigung reagierten. Erst 2009 wurden die Regelungen in
Reaktion auf die zahlreichen Angriffe im Raum Kunduz und des
entsprechenden Drucks aus der Truppe sowie in der politischen
Öffentlichkeit geändert (vgl. Münch 2015, S. 295f.). Seitdem war
beziehungsweise ist die Bundeswehr in Afghanistan autorisiert,
im Rahmen der Auftragserfüllung und gemäß der international
geltenden Regeln offensiv gegen sogenannte Aufständische vorzu-
gehen. Wie nicht zuletzt die Analyse von Tomforde belegt, erfolgte
damit eine Rezentrierung des soldatischen Diskurses „von unten".
Anstelle der Konzentration auf die eigenen Opfer und der damit
verbundenen Kritik an der Politik, die noch wenige Jahre zuvor die
öffentliche Debatte bestimmt hatte (vgl. Timmermann-Levanas und
Richter 2010; Schardt 2012), trat nun die Teilnahme und Bewährung
im Gefecht in den Vordergrund. Plakativ auf den Punkt gebracht

wird dieser Wandel in einem autobiografisch fundierten Text von Robert Clifford Mann (2014), der mit Blick auf den ISAF-Einsatz der Bundeswehr zwischen einer „Helferzeit" (2002-2006), einer „Opferzeit" (2007-2009) und einer „Kämpferzeit" (ab 2010) unterscheidet, um auf diese Weise seine eigenen Einsatzerfahrungen bei der *Task Force Kunduz* einzuordnen. Besonders aufschlussreich ist dabei, dass er für die „Kämpferzeit" einen Prozess der Vergemeinschaftung mit den Angehörigen der US-Streitkräfte aufgrund der 2010 gemeinsam erlebten Gefechtssituationen nachzeichnet, die ihm zufolge zumindest unter den Angehörigen dieser *Task Force* vor Ort zu einer verstärkten Orientierung am medial vermittelten Ideal des *warrior* US-amerikanischer Prägung geführt habe.

Wie repräsentativ diese Beobachtungen für die in Afghanistan eingesetzten Angehörigen der Bundeswehr in ihrer Gesamtheit sind und welche anhaltende Prägung sich damit gegebenenfalls verbinden, lässt sich aufgrund derzeit fehlender weiterer Forschungserkenntnisse schwer einschätzen. Dass eigene Gefechtserfahrungen die Bereitschaft, militärische Gewalt einzusetzen, zu befördern scheinen, darauf weisen die Ergebnisse der schon erwähnten Rückkehrstudie (Seiffert und Heß 2014) zu Angehörigen eines 2010 und damit just in der Phase der Gewalteskalation in Afghanistan eingesetzten Kontingents hin, in dessen Folge sich der bei Tomforde (2015) oder Mann (2014) beschriebene soldatische Professionalisierungsdiskurs herausbildete. Die von Mann (2014) geschilderte Annäherung an die US-Streitkräfte ist schon deshalb interessant, weil hier aus Sicht der Truppe beschrieben wird, was zumindest nach den Analysen von Philipp Münch (2015) sowie Eric Sangar (2014) auch für die Führungsebene der Bundeswehr zutraf: die Entwicklung eines (neuen) (Selbst-)Bewusstseins, das in nicht unerheblichem Maß darauf beruht, durch die Beteiligung an Gefechten nun endlich auf Augenhöhe mit den USA und den anderen Verbündeten agieren zu können.

Dieses Selbstbild einer professionellen, da gefechtserprobten Armee, das sich organisationskulturell „von unten" – gegenüber den „von oben", also von der politischen Führung an der Prämisse der militärischen Zurückhaltung angelehnten Einsatzregeln – entwickelt hat, hat mittlerweile Eingang in den neuen Traditionserlass (2018) gefunden (vgl. hierzu aus [militär-]soziologischer Sicht Biehl und Leonhard 2018). So werden neben dem „Bejahen des Auftrags zum Erhalt oder zur Wiederherstellung des Friedens in Freiheit als Grundlage des soldatischen Selbstverständnisses der Bundeswehr" auch „Einsatzbereitschaft und de[r] Wille zum Kampf" als Ziele militärischer Traditionspflege genannt (Traditionserlass 2018, Ziff. 4.2).

5   Fazit

Anhand der hier zusammengetragenen Befunde aus unterschiedlichen Studien, die zu verschiedenen Zeitpunkten und mit unterschiedlichen Fragestellungen durchgeführt wurden, lassen sich Entwicklungen bei der Konstitution und Legitimation militärischen Handelns aus Sicht der Betroffenen nur schlaglichtartig beleuchten, keinesfalls systematisch herleiten. Geht man allerdings davon aus, dass nicht nur öffentliche Diskurse dem Zeitgeist unterliegen, sondern auch sozialwissenschaftliche Studien gesellschaftlich relevante Problemlagen bis zu einem gewissen Grad widerspiegeln, lässt sich auf der Grundlage der soeben skizzierten Untersuchungsergebnisse die These vertreten, dass der Wandel der Bundeswehr von einer Verteidigungsarmee zu einer Armee im Einsatz einen Wandel der militärischen Identität der Bundeswehr nach sich gezogen hat, der gegenwärtig von den Soldatinnen und Soldaten selbst als Professionalisierung gedeutet wird. Gemeint ist damit ein Zuwachs an praktischen Erfahrungen in der Anwendung militärischer Gewalt. Aus soldatischer Perspektive wird dies als Annäherung an die militärischen Standards verstanden, wie sie für Streitkräfte im Allgemeinen und für die Streitkräfte der wichtigsten Bündnispartner im Besonderen gelten. Die damit verbundene Idee eines militärischen Handelns auf Augenhöhe, das von den Soldatinnen und Soldaten befürwortet und angestrebt wird, steht dabei durchaus in Spannung zur realpolitischen Praxis, die auf deutscher Seite eher dadurch gekennzeichnet zu sein scheint, eine solche Augenhöhe in militärischer Hinsicht zu vermeiden, um mit möglichst geringem militärischen Engagement nicht aus dem Bündnisschutz zu fallen.

Diese soldatische (Re-)Fokussierung auf die Bewährung im militärischen Ernstfall, der – so das entsprechende Deutungsmuster – anders als zu Zeiten des Kalten Krieges nicht mehr nur theoretisch geübt, sondern ganz praktisch erlebt wird, ist eine Folge der Veränderungen des Auftrags und der konkreten Aufgaben, die der Bundeswehr seit den 1990er Jahren sowie vor allem seit den 2000er Jahren von der Politik übertragen wurden. Dem ISAF-Einsatz in Afghanistan kam in diesem Kontext eine Schlüsselrolle zu. Die politische Norm der militärischen Zurückhaltung, die sich in vergleichsweise eng gefassten deutschen Einsatzregeln niederschlug, geriet hier zunehmend in Konflikt mit den sicherheitspolitischen Umständen vor Ort, die aus militärischer Sicht eine andere Vorgehensweise erforderlich machten, wie die Kritik nicht nur von Seiten der Bündnispartner, sondern auch der Soldatinnen und Soldaten der Bundeswehr selbst verdeutlichte.

In der politischen Öffentlichkeit in Deutschland fand dies ab Mitte der 2000er Jahre in der Debatte um das „freundliche Desinteresse" der Deutschen gegenüber der Bundeswehr seinen Niederschlag. Dieser zum geflügelten Wort gewordene Ausspruch des damaligen Bundespräsidenten Horst Köhler traf innerhalb der Streitkräfte deshalb auf so große Resonanz, da er das unter

Soldatinnen und Soldaten vielfach verbreitete Unbehagen zum Ausdruck brachte, in Auslandseinsätze geschickt zu werden, ohne dass die aus militärischer Sicht notwendigen Voraussetzungen hierfür gegeben beziehungsweise erfüllt würden: die Bereitstellung entsprechender (Kampf-)Mittel sowie die Erlaubnis, diese auch einzusetzen. Die politische Führung reagierte schließlich darauf, indem sie einen gedächtnispolitischen Prozess initiierte.[6] Dieser führte nicht nur zur Errichtung eines Ehrenmals der Bundeswehr in Berlin (2009), zur Einführung einer Gefechtsmedaille (2010) und zur Eröffnung des Waldes der Erinnerung in Potsdam-Geltow (2015), sondern schlug sich auch auf semantischer Ebene in der Renaissance von Begriffen wie Gefallene (vgl. Dörfler-Dierken 2010) und Veteranen nieder (vgl. Leonhard 2017, Kap. 4.3), wodurch Afghanistan als ursprünglicher Stabilisierungseinsatz zumindest symbolisch in Richtung eines Kampfeinsatzes gerückt wurde. Die aus soldatischer Sicht entscheidende Frage, wann seitens deutscher Streitkräfte die offensive Anwendung militärischer Gewalt nicht nur *erlaubt*, sondern sogar *geboten* ist oder sein könnte (zu dieser Unterscheidung vgl. Reemtsma 2008, S. 190ff.), wurde öffentlich dabei jedoch nicht neu verhandelt.

In der Rückschau sind die Erfahrungen aus dem Einsatz der Bundeswehr in Afghanistan ein anschauliches Beispiel dafür, wie offizielle politische Vorgaben durch die konkreten Realitäten des Einsatzes an ihre Grenzen geraten und Anpassungsprozesse erzwingen: Im konkreten Fall erfolgte – im Einklang beziehungsweise in Auseinandersetzung mit den militärischen Standards verbündeter Streitkräfte – auf der Ebene der Streitkräfte eine organisationskulturelle Refokussierung des Verständnisses soldatischer Professionalität auf die soldatische Kompetenz des Kämpfens und

---

6   Zu diesem Verständnis von Gedächtnispolitik siehe Leonhard (2016, S. 58ff.).

verschärfte die Differenzen, die innerhalb einer Militärorganisation als eines in sich vielfach differenzierten Gebildes ohnehin (immer) angelegt sind. Die erwähnte Neuformulierung des Traditionserlasses von 2018 kann als Versuch seitens der politischen Ebene betrachtet werden, diesem Umstand Rechnung zu tragen und zugleich (weiterhin) ein einheitliches, an den Grundsätzen der Inneren Führung orientiertes Traditionsverständnis vorzugeben. Diese Grundsätze scheinen trotz immer wieder geäußerter Zweifel nach wie vor innerhalb der Bundeswehr insofern von sinnstiftender Bedeutung zu sein, als die aus den Reihen der Soldatinnen und Soldaten der Bundeswehr geäußerte Kritik am Umgang mit dem Afghanistaneinsatz in Politik und Öffentlichkeit letztlich belegt, dass es ihnen durchaus auf eine vernünftige Legitimation des Auftrags und der ihnen im Einsatz überantworteten Aufgaben ankommt. Dafür sprechen auch die Forschungsergebnisse zur Motivation deutscher Soldatinnen und Soldaten im Einsatz, die seit Jahren zeigen, dass die Unterstützung des sozialen Umfelds und der öffentliche Rückhalt zu Hause in Deutschland einer der zentralen Einflussfaktoren für die Identifikation mit den Aufgaben im Einsatz darstellen (vgl. Biehl und Keller 2009; Pietsch 2012). Die soldatische Sinnsuche, die speziell am skizzierten Unmut über den Afghanistaneinsatz zutage trat, verweist folglich auf die Wirkung eines offiziellen Leitbilds, das nicht den reinen Kämpfer, sondern den die Politik des eigenen Landes aus Einsicht umsetzenden Soldaten als „Staatsbürger in Uniform" propagiert. Dieses Ideal gerät jedoch an seine Grenzen, wenn politische Vorgaben fehlen, anhand derer die Angehörigen der Streitkräfte die *politische* Sinnhaftigkeit des eigenen Tuns – von kurz- bis mittelfristigen militärischen Erfolgen oder Misserfolgen abgesehen – bewerten können, und man seitens der politischen Öffentlichkeit versäumt oder bewusst darauf verzichtet, diese Lücke, die im Kern die Maxime der militärischen Zurückhaltung betrifft, zu benennen.

Literatur

Abel, Heike. 2008. Criss-Crossing – Ein alternatives Modell der Grup-
penzusammensetzung. In *Vereint marschieren – Marcher uni. Die
deutsch-französische Streitkräftekooperation als Paradigma europäischer
Streitkräfte?*, hrsg. von Nina Leonhard und Sven Bernhard Gareis,
183–222. Wiesbaden: VS Verlag für Sozialwissenschaften.

Biehl, Heiko. 2015. Deutscher Sonderweg oder europäische Normalität?
Gesellschaftliche Legitimation militärischer Gewalt im internationalen
Vergleich. In *Militär und Gewalt. Sozialwissenschaftliche und ethische
Perspektiven*, hrsg. von Nina Leonhard und Jürgen Franke, 93–114.
Berlin: Duncker & Humblot.

Biehl, Heiko, Bastian Giegerich und Alexandra Jonas (Hrsg.). 2013.
*Strategic Cultures in Europe. Security and Defence Policies Across the
Continent*. Wiesbaden: Springer VS.

Biehl, Heiko und Jörg Keller. 2009. Hohe Identifikation und nüchterner
Blick. Die Sicht der Bundeswehrsoldaten auf ihre Einsätze. In *Aus-
landseinsätze der Bundeswehr*, hrsg. von Sabine Jaberg, Heiko Biehl,
Günter Mohrmann und Maren Tomforde, 121–141. Berlin: Duncker
& Humblot.

Biehl, Heiko und Nina Leonhard. 2018. Bis zum nächsten Mal? Eine
funktionalistische Interpretation der Debatte um die Tradition der
Bundeswehr. In *Tradition in der Bundeswehr. Stimmen zum Erbe des
deutschen Soldaten und zur Umsetzung des neuen Traditionserlasses*,
hrsg. von Donald Abenheim und Uwe Hartmann, 30–49. Berlin:
Carola Hartmann Miles-Verlag.

Bohnert, Marcel. 2013. Armee in zwei Welten. In *Soldatentum. Auf der
Suche nach Identität und Berufung der Bundeswehr heute*, hrsg. von
Martin Böcker, Larsen Kempf und Felix Springer, 75–89. München:
Olzog.

Chiari, Bernhard. 2013. Die Bundeswehr als Zauberlehrling der Politik?
Der ISAF-Einsatz und das Provincial Reconstruction Team Kunduz
2003 bis 2012. *Militärgeschichtliche Zeitschrift* 72 (2): 317–351.

Clair, Johannes. 2012. *Vier Tage im November*. Berlin: Econ.

Dörfler-Dierken, Angelika. 2010. Identitätspolitik der Bundeswehr. In
*Identität, Selbstverständnis, Berufsbild. Implikationen der neuen Ein-
satzrealität für die Bundeswehr*, hrsg. von Angelika Dörfler-Dierken

und Gerhard Kümmel, 137–160. Wiesbaden: VS Verlag für Sozialwissenschaften.

Gareis, Sven Bernhard und Ulrich vom Hagen. 2004. *Militärkulturen und Multinationalität. Das Multinationale Korps Nordost in Stettin.* Opladen: Leske + Budrich.

Glatz, Rainer, Christian Madl, Jared Sembritzki, Ilja Sperling und Mike Zimmermann. 2018. Am scharfen Ende des Einsatzes. Erfahrungen von fünf Zeitzeugen vom Mannschaftssoldaten bis zum General. In *Einsatz ohne Krieg? Militär, Gesellschaft und Semantiken zur Geschichte der Bundeswehr nach 1990,* hrsg. von Jochen Maurer und Martin Rink. Freiburg: Rombach (i. E.).

Hagen, Ulrich vom. 2003. Die protestantische Ethik als geistige Rüstung des deutschen Offizierkorps. In *Aufschwung oder Niedergang? Religion und Glauben in Militär und Gesellschaft zu Beginn des 21. Jahrhunderts,* hrsg. von Ines-Jacqueline Werkner und Nina Leonhard, 349–362. Frankfurt a. M.: Lang.

Hagen, Ulrich vom, René Moelker und Joseph Soeters (Hrsg.). 2006. *Cultural Interoperability. Ten Years of Research into Co-operation in the First German-Netherlands Corps.* Strausberg: Sozialwissenschaftliches Institut der Bundeswehr.

Harris, Jesse J. und David R. Segal. 1985. Observations from the Sinai: The Boredom Factor. *Armed Forces & Society* 32 (4): 549–565.

Honneth, Axel. 1994. *Kampf um Anerkennung: Zur moralischen Grammatik sozialer Konflikte.* Frankfurt a. M.: Suhrkamp.

Kantner, Cathleen und Sammi Sandawi. 2012. Der Nationalstaat und das Militär. In *Militärsoziologie – Eine Einführung,* hrsg. von Nina Leonhard und Ines-Jacqueline Werkner, 37–64. Wiesbaden: VS Verlag für Sozialwissenschaften.

Langer, Phil C. 2012. Erfahrungen von „Fremdheit" als Ressource verstehen – Herausforderungen interkultureller Kompetenz im Einsatz. In *Der Einsatz der Bundeswehr in Afghanistan. Sozial- und politikwissenschaftliche Perspektiven,* hrsg. von Anja Seiffert, Phil C. Langer und Carsten Pietsch, 123–141. Wiesbaden: VS Verlag für Sozialwissenschaften.

Langer, Phil C. 2013. „Wenn's nicht näher als 30 Meter neben mir knallt, dann nehmen wir es nicht mehr persönlich." Zum gesellschaftlichen Umgang mit potenziell traumatischen Erfahrungen vom Krieg am Beispiel des Afghanistan-Einsatzes der Bundeswehr. *Freie Assoziation: Zeitschrift für das Unbewusste in Organisation und Kultur* 16 (2): 69–86.

Langer, Phil C. 2016. „Ist das jetzt auch jetzt noch das Original?" – Zur kollektiven Aushandlung von (Be-)Deutungen erfahrener Gewalt im Einsatz. In *Am Puls der Bundeswehr. Militärsoziologie in Deutschland zwischen Wissenschaft, Politik, Bundeswehr und* Gesellschaft, hrsg. von Angelika Dörfler-Dierken und Gerhard Kümmel, 207–233. Wiesbaden: Springer VS.

Leonhard, Nina. 2007. *Berufliche Identität von Soldaten. Eine qualitative Untersuchung von jungen männlichen Soldaten der Bundeswehr aus den neuen und alten Bundesländern.* Strausberg: Sozialwissenschaftliches Institut der Bundeswehr.

Leonhard, Nina. 2008. The German Contingent of the MNTF SE in Bosnia and Herzegovina. In *Military Co-operation in Multinational Missions: The Case of EUFOR in Bosnia and Herzegovina,* hrsg. von Nina Leonhard, Giulia Aubry, Manuel Casas Santero und Barbara Jankowski, 61–82. Strausberg: Sozialwissenschaftliches Institut der Bundeswehr.

Leonhard, Nina. 2010. Über den Sinn, Soldat zu sein: Soldatische Berufsbilder zwischen Vergangenheit und Zukunft. In *Gedenkstätten des NS-Unrechts und Bundeswehr. Bestandsaufnahme und Perspektive,* hrsg. von Oliver von Wrochem und Peter Koch, 107–122. Paderborn: Schöningh.

Leonhard, Nina. 2016. *Integration und Gedächtnis. NVA-Offiziere im vereinigten Deutschland.* Konstanz: UVK und Köln: Halem Verlag.

Leonhard, Nina. 2017. Towards a New German Military Identity? Change and Continuity of Military Representations of Self and Other(s) in Germany. http://dx.doi.org/10.1080/23337486.2017.1385586. Zugegriffen: 30. August 2018.

Leonhard, Nina. 2018. Über den (Wesens)Kern des Soldatseins: Professionssoziologische Überlegungen zur gegenwärtigen Debatte um soldatische Berufs- und Selbstbilder im Bereich der Bundeswehr. In *Professionskulturen – Charakteristika unterschiedlicher professioneller Praxen,* hrsg. von Silke Müller-Herrmann, Roland Becker-Lenz, Roland, Stefan Busse und Gudrun Ehlert, 7–29. Wiesbaden: Springer VS.

Leonhard, Nina, Giulia Aubry, Manuel Casas Santero und Barbara Jankowski (Hrsg.). 2008. *Military Co-operation in Multinational Missions: The Case of EUFOR in Bosnia and Herzegovina.* Strausberg: Sozialwissenschaftliches Institut der Bundeswehr.

Leonhard, Nina und Sven Bernhard Gareis (Hrsg.). 2008. *Vereint marschieren – Marcher uni. Die deutsch-französische Streitkräftekooperation* als Paradigma europäischer Streitkräfte? Wiesbaden: VS Verlag für Sozialwissenschaften.

Leonhard, Nina und Ines-Jacqueline Werkner. 2012. Einleitung: Militär als Gegenstand der Forschung. In Militärsoziologie – Eine Einführung, hrsg. von Nina Leonhard und Ines-Jacqueline Werkner, 19–35. Wiesbaden: VS Verlag für Sozialwissenschaften.

Mann, Robert Clifford. 2014. German Warriors. In Deutschland in Afghanistan, hrsg. von Michael Daxner, 139–153. Oldenburg: BIS-Verlag der Carl von Ossietzky Universität Oldenburg.

Münch, Philipp. 2015. Die Bundeswehr in Afghanistan. Militärische Handlungslogik in internationalen Interventionen. Freiburg: Rombach.

Naumann, Klaus. 2013. Der blinde Spiegel: Deutschland im afghanischen Transformationskrieg. Hamburg: Hamburger Edition.

Pietsch, Carsten. 2012. Zur Motivation deutscher Soldatinnen und Soldaten für den Afghanistaneinsatz. In Der Einsatz der Bundeswehr in Afghanistan. Sozial- und politikwissenschaftliche Perspektiven, hrsg. von Anja Seiffert, Phil C. Langer und Carsten Pietsch, 101–121. Wiesbaden: VS Verlag für Sozialwissenschaften.

Reemtsma, Philipp. 2008. Vertrauen und Gewalt. Versuch über eine besondere Konstellation der Moderne. Hamburg: Hamburger Edition.

Sangar, Eric. 2014. Die Bundeswehr in Afghanistan: Grenzen einer erfundenen Tradition? In Deutschland in Afghanistan, hrsg. von Michael Daxner, 115–138. Oldenburg: BIS-Verlag der Carl von Ossietzky Universität Oldenburg.

Schardt, Dinah. 2012. PTBS als „Postheroische Belastungsstörung". Zum Umgang mit dem Thema PTBS und der Suche nach Einsatzöffentlichkeit. https://ifsh.de/file-IFSH/IFSH/pdf/Publikationen/hb%20159.pdf. Zugegriffen: 30. August 2018.

Schwab-Trapp, Michael. 2002. Kriegsdiskurse. Die politische Kultur des Krieges im Wandel 1991–1999. Opladen: Leske + Budrich.

Schwab-Trapp, Michael. 2007. Kampf dem Terror. Vom Anschlag auf das World Trade Center bis zum Beginn des Irakkrieges. Köln: Rüdiger Köppe Verlag.

Segal, David R. und Ronald B. Tiggle. 1997. Attitudes of Citizen-Soldiers Toward Military Missions in the Post-Cold War World. Armed Forces & Society 32 (3): 373–390.

Seiffert, Anja. 2013. Generation Einsatz. Politik und Zeitgeschichte 63 (44): 11–16.

Seiffert, Anja. 2014. Holidays at "Kunduz Spa"? Experiences of German Soldiers in Afghanistan. In *From Venus to Mars? Provincial Reconstruction Teams and the European Military Experience in Afghanistan 2001–2014*, hrsg. von Bernhard Chiari, 317–332. Freiburg: Rombach.

Seiffert, Anja und Julius Heß. 2014. *Afghanistanrückkehrer. Der Einsatz, die Liebe, der Dienst und die Familie: Ausgewählte Ergebnisse der sozialwissenschaftlichen Langzeitbegleitung des 22. Kontingents ISAF.* Potsdam: Zentrum für Militärgeschichte und Sozialwissenschaften der Bundeswehr.

Soeters, Joseph und René Moelker. 2003. German-Dutch Co-Operation in the Heat of Kabul. In *Soldat – Militär – Politik – Gesellschaft. Facetten militärbezogener Forschung. Liber amicorum für Paul Klein*, hrsg. von Gerhard Kümmel und Sabine Collmer, 63–75. Baden-Baden: Nomos.

Tajfel, Henri und John C. Turner. 1986. The Social Identity Theory of Intergroup Behavior. In *Psychology of Intergroup Relations*, hrsg. von Stephen Worchel und William G. Austin, 7–24. Chicago: Nelson-Hall Publishers.

Timmermann-Levanas, Andreas und Andrea Richter. 2010. *Die reden – Wir sterben. Wie unsere Soldaten zu Opfern der deutschen Politik werden.* Bonn: Bundeszentrale für politische Bildung.

Tomforde, Maren. 2005. Motivation and Self-Image among German Peacekeepers. *International Peacekeeping* 12 (4): 576–585.

Tomforde, Maren. 2015. „Good Shot": Gewalterfahrungen von Bundeswehrsoldaten im Auslandseinsatz. In *Militär und Gewalt. Sozialwissenschaftliche und ethische Perspektiven*, hrsg. von Nina Leonhard und Jürgen Franke, 213–248. Berlin: Duncker & Humblot.

Bündnissolidarität – zur Genese des Begriffs in der deutschen Außen- und Sicherheitspolitik

Björn Budde

1 Einleitung

„‚[W]ould you leave us if we don't pay our bills?' They hated my answer. I said, ‚yeah, I would consider it'„. Mit diesen Worten postete der US-amerikanische Präsident Donald Trump seine Botschaft an die anderen Regierungschefs und ihre Reaktion beim NATO-Gipfel im Juli 2018 in Brüssel im Netz. Das Bemerkenswerte dabei ist, dass Trump bei diesem Thema konsequent der Linie seiner (demokratischen wie republikanischen) Amtsvorgänger folgt, die stets ein größeres Engagement der europäischen NATO-Staaten – allen voran Deutschland – gefordert haben, dabei aber über Jahre zusahen, wie die vereinbarte Zwei-Prozent-Hürde bei den nationalen Verteidigungsausgaben weit unterschritten wurde. So findet sich auch eine entsprechende Äußerung – wenn auch weitaus diplomatischer formuliert und ohne die US-amerikanische Bündnissolidarität und Zugehörigkeit zur NATO infrage zu stellen – bei Trumps Amtsvorgänger Barack Obama 2014:

© Springer Fachmedien Wiesbaden GmbH, ein Teil von Springer Nature 2019
I.-J. Werkner und M. Haspel (Hrsg.), *Bündnissolidarität und ihre friedensethischen Kontroversen*, Gerechter Frieden, https://doi.org/10.1007/978-3-658-25160-4_5

"If we've got collective defense, it means that everybody's got to chip in, and I have had some concerns about a diminished level of defense spending among some of our partners in NATO. Not all, but many" (zit. nach Wilkie 2018).

Angesichts der Herausforderungen, vor denen die transatlantische Partnerschaft seit dem Amtsantritt von Donald Trump steht, widmet sich dieser Beitrag dem in Deutschland viel bemühten Begriff der Bündnissolidarität. Dies geschieht in vier Schritten: Zunächst erfolgt eine nähere Betrachtung des Begriffes, konkret der unterschiedlichen Prinzipien solidarischen Handelns und des Kontextes, in dem der Begriff in der deutschen Politik Verwendung findet. Daran schließt eine Analyse der historischen Verwendung des Begriffes während des Kalten Krieges an, um in einem dritten Schritt die Motive der deutschen Teilnahme am Afghanistankrieg anhand der unterschiedlichen Solidaritätsprinzipien herauszuarbeiten. Abschließend wird argumentiert, dass Deutschland innerhalb der NATO mittlerweile eine durchaus individuelle, an den eigenen außen- und wirtschaftspolitischen Interessen orientierte Politik entwickelt hat, die direkte Auswirkungen auf das bündnispolitische Verhalten hat.

2   Was bedeutet Bündnissolidarität?

Auslandseinsätze der Bundeswehr – konkret der „Einsatz bewaffneter Truppen im Ausland" (Schröder 2005, S. 203) – erfordern neben einem Mandat des Deutschen Bundestages traditionell zwei Voraussetzungen: erstens das Vorhandensein eines Beschlusses des UN-Sicherheitsrates, zweitens die Einbettung des Einsatzes in einen internationalen Kontext, beispielsweise im Kontext von EU oder NATO (vgl. Rinke 2009, S. 173). So wurde auch im Rahmen des NATO-Einsatzes *International Security Assistance Force*

(ISAF) in Afghanistan jener internationale Kontext, konkret die Bündnissolidarität, als zentrales Argument für die deutsche Teilnahme betont (vgl. Münch 2001, S. 7). Dabei fällt jedoch auf, dass der Terminus der Bündnissolidarität ungeachtet seiner vielfältigen Verwendung im politischen Tagesgeschäft weitgehend unklar geblieben ist. Auch findet er im 2008 erschienenen Fachbuch „Die Semantik der neuen deutschen Außenpolitik" keine explizite Erwähnung (vgl. Hellmann et al. 2008). Gerade aus politikwissenschaftlicher Sicht existiert laut Marianne Kneuer und Carlo Masala (2015, S. 9) „somit hinsichtlich des Begriffes Solidarität mehr Vagheit als Klarheit". Dieser Eindruck verstärkt sich, wenn – wie im Falle des ISAF-Einsatzes der Bundeswehr in Afghanistan – in Grundsatzpapieren der Bundesregierung nationale Interessen weitestgehend mit Bündnisinteressen gleichgesetzt werden (vgl. Krause 2011, S. 216). Eben jene Unbestimmtheit hat in der Folge zu sehr unterschiedlichen Interpretationen geführt. So sieht Markus Kaim (2007) Deutschland in einer „Multilateralismusfalle", wodurch es aufgrund seiner Bündnismitgliedschaften schlechterdings *gezwungen* sei, an Einsätzen (etwa der NATO) teilzunehmen, auch wenn keine direkten nationalen Interessen dafür sprechen. Umgekehrt könne das Argument der Bündnissolidarität aber auch dazu dienen, nationale (sicherheitspolitische) Interessen durch den Verweis auf ein vermeintlich bündnissolidarisches Handeln in ein selbstloses Licht zu rücken (Kneuer und Masala 2015, S. 9).

In seinem Kern handelt es sich bei Solidarität dabei „um die Bereitschaft zu gegenseitigen Unterstützungsleistungen, die moralisch geboten, aber nicht erzwingbar sind und die über das hinausgehen, was von Rechts wegen Pflicht ist" (Meyer 2005, S. 38). Jene Bereitschaft zur Unterstützung ist dabei nicht als universell zu verstehen, sondern beruht im Wesentlichen auf der besonderen Beziehung zwischen Unterstützendem und Unterstützer. Entscheidend ist dabei die wechselseitige Annahme, dass zwischen beiden Seiten ein

Konsens über die aktuelle Situation besteht und der Unterstützer davon ausgehen kann, dass sein Gegenüber sich in einer ähnlichen Situation ebenfalls solidarisch verhalten würde (Sedmak 2010, S. 44f.). Die Solidarität als Spannungsfeld „zwischen Altruismus und futuristisch ausgerichteter Verhaltenskalkulation" (Sedmak 2010, S. 45) wird im Folgenden zunächst durch eine Differenzierung entlang dreier Prinzipien, wie sie Siegfried Schieder (2015) vorschlägt, weiter konkretisiert:

- *solidarisches Bindungsprinzip*: Solidarisches Handeln beruht hierbei auf einer besonderen historischen, kulturellen oder schuldbasierten Beziehung zwischen Staaten. Beispielhaft trifft dies etwa auf die Beziehungen zwischen Deutschland und Israel zu.
- *solidarisches Bedürftigkeitsprinzip*: Dabei orientiert sich die Solidarität eines Gebers an der Bedürftigkeit des Empfängers. Je größer die Bedürftigkeit, desto höher die Bereitschaft zur Unterstützung.
- *solidarisches Anstrengungsprinzip*: Bei diesem Prinzip steht das Ausmaß der erwarteten (positiven) Wirkung solidarischer Zuwendung im Mittelpunkt. Solidarität wird also vorrangig dort gewährt, wo sie auf fruchtbarsten Boden fällt.

Solidarität ist gemäß dieser Aufgliederung daher keinesfalls mit Altruismus zu verwechseln: Wer sich solidarisch verhält, geht mit seinem Gegenüber ein soziales Austauschverhältnis ein, erwartet somit auch ein bestimmtes Verhalten seines Gegenübers (vgl. Kneuer und Masala 2015, S. 10f.).

3 Bündnissolidarität im Wandel deutscher Außenpolitik bis zur Wiedervereinigung

Nähert man sich dem Begriff der Bündnissolidarität über seine historische Verwendung im Kontext der NATO im Allgemeinen und der deutschen politischen Debatte im Besonderen, so lassen sich daran beispielhaft entscheidende Phasen innerhalb des Bündnisses und der deutschen Außen- und Sicherheitspolitik nachzeichnen.

So war das Verhältnis zwischen den einzelnen NATO-Mitgliedern von Beginn an weniger durch Solidarität denn durch tiefe politische Gräben gekennzeichnet, die durch den gemeinsamen Gegner Warschauer Pakt in manchen Phasen nur notdürftig überbrückt werden konnten. Dies betraf in den Anfangsjahren vor allem den Konflikt zwischen denjenigen NATO-Mitgliedern, die zu Beginn der Allianz 1949 noch Kolonien unterhielten, auf der einen und den USA, die sich außenpolitisch in zunehmendem Maße für die Dekolonisation einsetzten, auf der anderen Seite. In einer Untersuchung zur NATO-Politik der Jahre 1949–1961 kommt Moritz Pöllath (2017, S. 256) zu folgendem Fazit:

> „Die Rhetorik der gemeinsamen Sicherheitsinteressen der westlichen Welt war Bestandteil vieler NATO-Ratstreffen gewesen. Tatsächlich kam es zu einem Interessenskonflikt. Die Kolonialmächte verfolgten aus ihrem nationalen Interesse eine Kolonialpolitik, die den Zusammenhalt der Allianz gefährdete, während die USA aus eigenem Interesse das Bündnis gegen die Sowjetunion trotz starker interner Konflikte bewahren wollten".

Konkret bezogen auf die Begrifflichkeit der Bündnissolidarität auf der Ebene der NATO-Mitgliedsstaaten fällt Bernd Lemke (2015, S. 50) folgendes Urteil:

„Innerhalb dieser multikomplexen Gemengelage ist es einigermaßen schwierig herauszufinden, was denn unter ‚Bündnissolidarität' zu verstehen war und wie sie sich manifestierte. Zwar zählt der Verweis auf die Bündnissolidarität bis heute zu den häufigsten offiziellen Verlautbarungen und Argumenten, und sie kommt fast automatisch zur Sprache, wenn es um Probleme geht, doch konterkarierte das Verhalten einzelner oder mehrerer Partner dieses Prinzip".

Dieser ambivalente Befund spiegelt sich auch in offiziellen Aussagen der Bundesregierung, wie sie im Weißbuch 1975/76 „Zur Sicherheit der Bundesrepublik Deutschland und zur Entwicklung der Bundeswehr" zu finden sind, wider:

„Bündnissolidarität bedeutet nicht die vollkommene Harmonisierung aller Interessen. [...] [D]ie Sicherheitsbedingungen für den einen oder anderen Bündnispartner sind unterschiedlich. Auch zwischen den politischen Interessen gibt es Abweichungen. Hinzu kommen historisch oder politisch bedingte Rivalitäten zwischen Bündnispartnern. Dies alles bringt für die Allianz Spannungen, manchmal auch Konflikte, die nur in einem sehr elastischen System, wie die NATO es darstellt, aufgefangen und ausgetragen werden können. Das ist kein Anzeichen für Auflösung und Zerfall, sondern der Preis, den das Bündnis für die Freiheit entrichten muß, die es jedem Mitglied zubilligt und die sein Wesen ausmacht" (BMVg 1976, S. 7f.).

Untersucht man die Verwendung des Begriffs Bündnissolidarität auf bundesdeutscher Ebene – konkret anhand der Plenarprotokolle des Deutschen Bundestages –, so fällt auf, wie vergleichsweise spät und auch selten der Begriff während des Kalten Krieges anzutreffen ist. So findet er im Zeitraum 1949–1991 insgesamt nur 35-mal Verwendung, zum ersten Mal 1971 in einer Rede des CDU-Abgeordneten Kurt Birrenbach (1971, S. 5152), in der er die Ostverträge der Willy Brandt-Regierung kritisiert. Konkret vertritt er die These, dass die Zustimmung der NATO-Mitglieder zu den Verhandlungen der

Regierung Brandt mit den Staaten der UdSSR nicht so eindeutig sei wie von der Bundesregierung dargestellt:

> „Die Bundesregierung erklärt immer wieder, die Ostpolitik der Bundesregierung finde die einhellige Zustimmung unserer Verbündeten. Wie steht es nun damit bei Licht besehen? [...] Diese Erklärungen [NATO-Schlusskommuniques 1973, Anm. d. Verf.] spiegeln formell ein Einverständnis wider, ohne sich im Einzelnen dazu zu äußern, welche Erwartungen, welche Hoffnungen, welche Sorgen und welche Befürchtungen sich mit diesen Verträgen aus der ausländischen Perspektive verbinden. Daran hindern die Verbündeten nämlich allein schon die Bündnissolidarität und die Tatsache, daß die Bundesrepublik schließlich ein souveräner Staat ist und ihrer Zustimmung gar nicht bedarf".

Grundsätzlich findet der Begriff in den Debatten der 1970er und frühen 1980er Jahre eher indirekt und wenig spezifisch Verwendung, meist synonym für eine kooperative Politik der Bundesrepublik gegenüber den übrigen NATO-Staaten. Beispielhaft dafür ist die Debatte um die Reform der Wehrstruktur der Bundeswehr 1979 im Zusammenhang mit den Verhandlungen um die *Mutual and Balanced Force Reductions* (MBFR).[1] Betont wurde dabei die Notwendigkeit, dass die Bundeswehr strukturell in der Lage sein müsse, gemeinsam mit den anderen NATO-Staaten im Rahmen des (schlussendlich erfolglosen) Abkommens die eigenen Truppenzahlen zu reduzieren. „Die Erfolge unserer Außenpolitik beruhen ganz entscheidend auf der Bündnissolidarität und konnten auch nur so herbeigeführt werden", so der SPD-Abgeordnete Alfons Pawelczyk (1979, S. 3990) in diesem Kontext. Die gleiche Verwendung des Begriffes findet sich beim damaligen CDU-Abgeordneten (und späteren NATO-Generalsekretär) Manfred Wörner (1974, S. 5916),

---

1 Ziel der MBFR war eine wechselseitige Reduzierung der Truppen des Warschauer Paktes und der NATO in Europa.

der der Politik der Regierung Brandt bezogen auf den Jom-Kippur-
Krieg 1973 vorwarf, es habe sich dabei um eine „offenkundige
Verletzung der Bündnissolidarität in der Nahost-Krise" gehandelt
(was der SPD-Abgeordnete Herbert Wehner (1974, S. 5916) darauf
in einem Zwischenruf als „unerhörte Behauptung" bezeichnete).
    Im Unterschied zur heutigen Debatte um den Begriff der Bünd-
nissolidarität zeigen die oben geschilderten Beispiele, dass es sich zu
Zeiten des Kalten Krieges um einen Begriff handelte, der in keinem
direkten Zusammenhang mit konkreten militärischen Einsätzen
stand. Dies änderte sich 1987, als die USA im Rahmen des ersten
Golfkrieges zwischen Iran und Irak Teile ihrer im Mittelmeer
stationierten 6. Flotte in den Persischen Golf verlegten. In diesem
Zuge wurde seitens der NATO die Forderung erhoben, Deutschland
habe den Kapazitätsmangel im Mittelmeer mit eigenen Mitteln
auszugleichen. Dieser wurde letztendlich dadurch entsprochen, dass
die Bundesrepublik drei Marineeinheiten ins Mittelmeer entsandte
(Lemke 2015, S. 25). Die Aussagen des damaligen parlamentarischen
Staatssekretärs im BMVg, Peter Kurt Würzbach (CDU), belegen
deutlich die ambivalente Haltung Deutschlands zwischen militärischer Zurückhaltung abseits der Landesverteidigung einerseits und
dem Willen, innerhalb des Bündnisses Solidarität auch militärisch
zu zeigen, andererseits. So betont Würzbach (1987, S. 1910) auf der
einen Seite den solidarischen Aspekt:

> „Die Situation im Golf erfordert bestimmte Maßnahmen. Hier
> beteiligen wir uns direkt vor Ort nicht. Andere tun dies, auch für
> Deutschland, auch für uns. Hier schaffen wir wegen dieser Situa-
> tion innerhalb des Bündnisses — die da unten tragen dabei nicht
> ungefährliche Lasten — eine gewisse Entlastung".

Gleichzeitig bemühte sich Würzbach (1987, S. 1909) darum klarzu-
stellen, dass mit der Verlegung keine Einbußen nationaler Sicherheit
einhergingen. So betonte er,

„daß es die Eigentümlichkeit von modernen Schiffsverbänden, auch unserer Bundesmarine, ist, äußerst flexibel und mobil zu sein. Sie sind in der Lage, auch wenn sie irgendwo im Atlantik oder im Mittelmeer sein sollten, mit erheblicher Geschwindigkeit wieder im eigenen Operationsgebiet zu sein, wo wir sie bräuchten, um den notwendigen Aufgaben nachzukommen".

War die Verlegung der Marineeinheiten ins Mittelmeer 1987 eine indirekte Folge des ersten Golfkrieges, so kam es während des 2. Golfkrieges 1990/91 zur ersten direkten Beteiligung deutscher Soldaten an einem Einsatz der NATO. Auf Anfrage der türkischen Regierung verlegte die NATO Teile der *Allied Mobile Force* (AMF) in die Türkei, darunter aus Deutschland eine Staffel Alpha Jets nebst Besatzung und Unterstützungspersonal (2./JaboG 43 Oldenburg), die am 8. Januar 1991 in Erhac eintrafen (vgl. Lemke 2015, S. 296). In der Folge kam es in Deutschland zu einem deutlichen Anstieg an Anträgen auf Anerkennung als Kriegsdienstverweigerer (KDV). In einer Erklärung über die diesbezüglichen Gründe verwies die Bundesregierung erstmals konkret auf die Bündnissolidarität als zentrales Motiv hinter dem Einsatz:

„Der deutliche Anstieg der Anträge auf Anerkennung als KDV durch Ungediente, wehrpflichtig und freiwillig dienende aktive Soldaten und Reservisten hat seine vermutliche Ursache darin, daß in einer Zeit, in der auf Grund der Entwicklungen in Osteuropa und im damaligen Warschauer Pakt der Frieden sicherer denn je erschien, die Bundesrepublik Deutschland erstmals ohne unmittelbar betroffen zu sein, tätige Bündnissolidarität durch Bereitstellung von Truppen zu leisten hatte" (Bundesregierung 1991, S. 39).

Auch hier scheint auf den ersten Blick die These der „Multilateralismusfalle" plausibel. Es lässt sich aber bereits bei diesem Einsatz ein Verhalten feststellen, das für deutsche Auslandseinsätze bis heute prägend ist: Man beteiligt sich aus politischen Motiven heraus – mit Verweis auf die Bündnissolidarität – an internationalen Einsätzen, ohne dass dabei klar erkennbar ist, welches militärische Ziel man mit den eingesetzten Mitteln konkret erreichen kann und will. Deutlich zeigt sich diese Strategie an der diesbezüglichen Einschätzung von Bernd Lemke (2015, S. 290):

> „Wie man in Bonn positiv vermerkte, hatte die Regierung in Ankara sehr wohl registriert, dass die deutschen Alpha Jets mit voller Beladung eine maximale Reichweite von 350 km hatten und daher von ihrem Stützpunkt Erhac den Irak gar nicht erreichen konnten, auch weil eine Luftsperrzone eingerichtet worden war. […] Dass die Alpha Jets eigentlich Bodenkampfflugzeuge für den ‚Close Air Support' und explizit keine Luftverteidigungsjäger waren, wurde nicht unbedingt herausgekehrt. Eigentlich hätten Phantom oder Tornados eingesetzt werden müssen".

4 Bündnissolidarität am Hindukusch – das deutsche Afghanistanengagement vor dem Hintergrund der Solidaritätsprinzipien

Wie lässt sich das militärische Engagement Deutschlands seit der Wiedervereinigung, konkret am Beispiel des Einsatzes der Bundeswehr in Afghanistan, aus bündnissolidarischer Sicht erklären? Zur Beantwortung dieser Frage werden die drei oben ausgeführten Solidaritätsprinzipien auf ihre jeweilige Plausibilität hin überprüft.

4.1 Solidarisches Bindungsprinzip

„Heute sind wir alle Amerikaner" – so die Aussage des damaligen SPD-Fraktionsvorsitzenden Peter Struck einen Tag nach den Anschlägen vom 11. September 2001 im Deutschen Bundestag (zit. nach Hawel 2007, S. 287). Nach der deutschen Kritik am folgenden Irakkrieg der USA waren die konkreten Vorbereitungen zur Teilnahme deutscher Soldaten an der ISAF-Mission 2003 stark geprägt von dem Wunsch, die belasteten Beziehungen zu den USA wieder zu verbessern. So schreibt Günter Bannas (2003) in der Frankfurter Allgemeinen Zeitung unter der Überschrift „Transatlantische Beziehungen: Afghanischer Bündniskitt", dass seitens der Bundesregierung maßgeblich auch an der „Bereinigung der deutsch-amerikanischen Spannungen gearbeitet" werde. Zu einem ähnlichen Urteil kommt auch Ulf von Krause (2011, S. 153) in seiner Analyse. Die besondere Verbindung Deutschlands zu den USA ergebe sich dabei vor allem aus der amerikanischen Rolle als stärkste Schutzmacht Westdeutschlands im Kalten Krieg, die auf das Engste mit der NATO-Mitgliedschaft beider Staaten verbunden sei. Deutschland, so die nachdrücklichen Forderungen (nicht nur) der USA, müsse nun nach dem Ende der Blockkonfrontation vom Konsumenten zum Produzenten von Sicherheit werden (vgl. Geis 2005, S. 7).

4.2   Solidarisches Bedürftigkeitsprinzip

Gemäß diesem Prinzip hätten die USA beziehungsweise die NATO einen Bedarf an deutscher militärischer Unterstützung gehabt. Gegen diese Argumentation spricht nicht zuletzt die Tatsache, dass nach dem 11. September 2001 von deutscher Seite aus Bundeskanzler Gerhard Schröder bereits ohne eine konkrete Anfrage seitens der USA militärische Unterstützung angeboten hatte (Hawel 2007, S. 287). Zudem stand zum damaligen Zeitpunkt kein alternativer Einsatz ähnlicher Größenordnung unter vergleichbaren (bündnispolitischen) Rahmenbedingungen zur Debatte, so dass es keine

Diskussionen gab, welcher Akteur bedürftiger nach deutscher Unterstützung gewesen wäre.

Auch wenn hier Solidarität im Kontext der NATO beziehungs- weise der deutsch-amerikanischen Beziehungen betrachtet wird, lohnt auch ein Blick auf die Frage, inwieweit die Bedürftigkeit Afghanistans eine Rolle gespielt haben könnte. Dabei fällt auf, dass im Rahmen der damaligen politischen Debatte zwar auf die prekäre sicherheitspolitische Lage im Land verwiesen wurde, aller- dings primär im Kontext (inter-)nationaler Sicherheit. So heißt es in dem 2010 veröffentlichten Papier „Auf dem Weg zur Übergabe in Verantwortung: Das deutsche Afghanistan-Engagement nach der Londoner Konferenz" der Bundesregierung (2010, S. 1):

> „Das Ziel unserer Anstrengungen ist mehr Sicherheit für Deutsch- land durch die langfristige Stabilisierung Afghanistans. Ein stabiles Afghanistan, das Terroristen keinen Rückzugsraum wie vor dem 11. September 2001 bietet, in dem die afghanische Verfassung Geltung besitzt, in dem staatliche Organe die Sicherheit und die grundlegenden staatlichen Dienstleistungen garantieren können, bedeutet für die ganze Region, aber auch für die Menschen in Deutschland und Europa einen Zugewinn an Sicherheit".

In Afghanistan herrschte 2003 zweifellos ein eklatanter Mangel an Stabilität und Sicherheit. Dennoch kann das Verhalten Deutsch- lands nicht plausibel über das solidarische Bedürftigkeitsprinzip erklärt werden. Verantwortlich dafür ist das fehlende Motiv solida- rischen Handelns gegenüber Afghanistan. Denn wer sich solidarisch verhält, erwartet – wie oben anhand der Solidaritätsprinzipien dargestellt – als Gegenleistung ein bestimmtes Verhalten des Ge- genübers. Es ist jedoch nicht erkennbar, worin in diesem konkreten Fall die erwartete solidarische Gegenleistung Afghanistans hätte bestehen sollen, da das Ziel – Sicherheit für Deutschland – im Wesentlichen durch das Mittel eines internationalen militärischen

Einsatzes und nicht als solidarische Gegenleistung der Afghanen hatte erreicht werden sollen.

4.3 Solidarisches Anstrengungsprinzip

Bei der Analyse wird auch hier davon ausgegangen, dass das solidarische Handeln Deutschlands im Kontext des Afghanistaneinsatzes vorrangig den USA beziehungsweise im weiteren Sinne der NATO gegolten hat. Die Handlungsmotive im Kontext des solidarischen Anstrengungsprinzips beschreibt Sigfried Schieder (2015, S. 176) folgendermaßen: „Für die Entwicklung von Solidarität ist es wichtig, inwieweit die Erfolge solidarischer Leistung sichtbar werden". Erfolg kann dabei auf zwei Ebenen erreicht werden:

- erstens politisch als Verbesserung der transatlantischen Beziehungen beziehungsweise einer wachsenden Rolle Deutschlands in der NATO: Wie an obiger Stelle beim solidarischen Bindungsprinzip bereits dargestellt war dies ein erklärtes Ziel der Entscheidung zur Teilnahme Deutschlands am Afghanistaneinsatz. Auf dieser Ebene kann das Handeln Deutschlands rückblickend als Erfolg bezeichnet werden (Bannas 2003).
- Zweitens kann Erfolg auf einer militärischen Ebene erreicht werden, wenn es gelingt, die übernommenen Aufgaben bestmöglich zu erfüllen. Anders formuliert: Versteht man die deutsche Teilnahme als eine Maßnahme, die USA beim Erreichen eines bestimmten Zieles zu unterstützen (z. B. bei der Bekämpfung des internationalen Terrorismus), so müsste hierfür die Bundeswehr in besonderem Maße geeignet sein. In der Tat finden sich in der öffentlichen Debatte Ansätze einer derartigen Argumentationsstrategie, die allerdings in einem anderen Kontext stehen. So betonte etwa der stellvertretende Vorsitzende des

Verteidigungsausschusses des Deutschen Bundestages Karl
Lamers 2006, dass es nicht sein könne, „dass die Deutschen den
erfolgreichen Wiederaufbau im Norden [Afghanistans, Anm.
d. Verf.] gefährdeten, indem sie gezwungen würden, Soldaten
langfristig in den Süden abzuziehen" (zit. nach Schuler 2006,
S. 2). Hintergrund waren die Forderungen unter anderem der
USA, Deutschland solle sich militärisch stärker im umkämpften
Süden Afghanistans engagieren. Deutschland dagegen wollte
primär vermeiden, seine Soldaten im wesentlich gefährlicheren
Süden einzusetzen – so auch das Fazit von Georg Löfflmann,
(2008, S. 36), der in diesem Kontext von einer „Strategie der
erfolgreichen Konfrontationsvermeidung" spricht.

5   Fazit

Betrachtet man alle drei oben vorgestellten Prinzipien, so scheint
nur eines davon – das solidarische Bindungsprinzip – geeignet,
einen starken solidarischen Druck aufzubauen, wie Markus Kaim
in seiner These von der Bündnisfalle postuliert. Bezogen auf die
Solidarität innerhalb der NATO ist keine Situation denkbar, in der
die beiden anderen Solidarprinzipien eine ähnlich starke Wirkung
entfalten können.

Welche Erkenntnisse lassen sich daraus für das anfangs dar-
gestellte Spannungsfeld zwischen Multilateralismusfalle einerseits
und bündnispolitisch camouflierten nationalen Interessen andererseits ableiten? Die obigen Ausführungen haben gezeigt, wie
schwer es politisch und wirtschaftlich stark vernetzten Staaten
wie Deutschland fällt, nationale von internationalen Interessen
voneinander zu trennen.

Gegen die These von der Multilateralismusfalle spricht zunächst,
dass Deutschland zwar an einer Vielzahl an Einsätzen beteiligt

ist, oftmals aber nur in einem sehr geringen personellen Umfang. So nimmt die Bundeswehr gegenwärtig zwar an 14 internationalen Einsätzen teil, aber insgesamt nur mit 3.521 Soldaten und Soldatinnen (Stand: 25. Juni 2018), und nur in einem Fall – bei *Resolute Support* – mit einer Personalstärke von über 1.000. Bei sieben Einsätzen liegt die Zahl der Soldaten und Soldatinnen gar im zweistelligen Bereich (Bundeswehr 2018). Ein klassisches Beispiel stellt auch das deutsche Verhalten zu Beginn des französischen Militäreinsatzes 2013 in Mali dar. Unter der Überschrift „Mali Krieg: Wie Berlin Bündnissolidarität mit Frankreich praktiziert" konstatierte DIE ZEIT: „Frankreich kämpft in Mali und Deutschland lobt das französische Engagement. Dem Nachbarland wirklich zu helfen, da zögert die Regierung Merkel" (Friederichs 2013). So beteiligte sich Deutschland zu Beginn mit lediglich zwei Transall-Maschinen an der Operation, während Frankreich 3.700 französische Soldaten für die „Operation Serval" entsandte (vgl. Gebauer und Waldemann 2013).

Dennoch erscheint die von Markus Kaim (2007, S. 45) prognostizierte Multilateralismusfalle durchaus zutreffend. Dies liegt jedoch weniger daran, dass Deutschland durch die Bündnispartner zur Teilnahme „gezwungen" werde, sondern vielmehr an den politischen Nebeneffekten, die sich aus einer deutschen Beteiligung an internationalen Einsätzen ergeben. So kann sich Deutschland durch eine Beteiligung an militärischen Einsätzen gegenüber den anderen Mitgliedsstaaten als vertrauenswürdiger Partner darstellen und somit politisches Kapital generieren, das später in anderen internationalen Kontexten, etwa bei wirtschaftspolitischen Verhandlungen, eingesetzt werden kann. Deutschland beteiligt sich somit zum Schutz der eigenen Reputation an zahlreichen NATO-Missionen, tut dies jedoch ohne ein dezidiert militärisches Interesse an diesen Einsätzen (vgl. Morgen 2015, S. 214, 220).

Literatur

Bannas, Günter. 2003. Transatlantische Beziehungen: Afghanischer Bündniskitt. http://www.faz.net/aktuell/politik/ausland/transatlantische-beziehungen-afghanischer-beziehungskitt-1115868.html. Zugegriffen: 10. September 2018.

Birrenbach, Kurt. 1971. *Deutscher Bundestag: Endgültige Plenarprotokolle. 6. Wahlperiode, 94. Sitzung.* Bonn: Bundesanzeiger Verlagsgesellschaft.

Bundesministerium der Verteidigung (BMVg). 1976. *Weißbuch 1975/76 zur Sicherheit der Bundesrepublik Deutschland und zur Entwicklung der Bundeswehr.* Bonn: Verlag Dr. Hans Heger.

Bundesregierung. 1991. *Schriftliche Fragen 12. Wahlperiode. Deutscher Bundestag: Endgültige Plenarprotokolle.* Bonn: Bundesanzeiger Verlagsgesellschaft.

Bundesregierung. 2010. Auf dem Weg zur Übergabe in Verantwortung: Das deutsche Afghanistan-Engagement nach der Londoner Konferenz. https://www.bundesregierung.de/ContentArchiv/DE/Archiv17/_Anlagen/2009/11/2009-11-18-dokument-afghanistan.pdf?__blob=publicationFile&v=3. Zugegriffen: 10. September 2018.

Bundeswehr. 2018. Einsatzzahlen: Die Stärke der deutschen Kontingente. https://www.bundeswehr.de/portal/a/bwde/start/einsaetze/ueberblick/zahlen/!ut/p/z1/hY4xD4IwFIR_iwNrXwMR0a0qi8HEBInQxRSoBVMoKZX6861hMtF427v33eWAQg60Z1MrmGlVz6S7Cxpet-1FyTvy17-_TdIdJFodZnJIAhyFc_gHUvfEPEQxpzaFwHaufHUcHA-QV6ZxN7okFpI7lBrHovhKJhfS35SSVVkNg5AhVTl. Zugegriffen: 10. September 2018.

Friederichs, Hauke. 2013. Mali-Krieg. Wie Deutschland Bündnissolidarität mit Frankreich praktiziert. https://www.zeit.de/politik/2013-01/mali-deutschland-buendnis-hilfe-bundeswehr. Zugegriffen: 10. September 2018.

Gebauer, Matthias und Anselm Waldermann. 2013. Einsatz in Mali: Franzosen nehmen Islamistenhochburg Gao ein. http://www.spiegel.de/politik/ausland/mali-franzoesische-truppen-nehmen-islamisten-hochburg-gao-ein-a-879888.html. Zugegriffen: 10. September 2018.

Geis, Anna. 2005. *Die Zivilmacht Deutschland und die Enttabuisierung des Militärischen.* Frankfurt a. M.: Hessische Stiftung Friedens- und Konfliktforschung.

Hawel, Marcus. 2007. *Die normalisierte Nation. Vergangenheitsbewältigung und Außenpolitik in Deutschland.* Hannover: Offizin Verlag.

Hellmann, Günther, Christian Weber und Frank Sauer. 2008. *Die Semantik der neuen deutschen Außenpolitik. Eine Analyse des außenpolitischen Vokabulars seit Mitte der 1980er Jahre.* Wiesbaden: Springer VS.

Kaim, Markus. 2007. Deutsche Auslandseinsätze in der Multilateralismusfalle? In *Auslandseinsätze der Bundeswehr. Leitfragen, Entscheidungsspielräume und Lehren*, hrsg. von Stefan Mair, 43–49. Berlin: Stiftung Wissenschaft und Politik.

Kneuer, Marianne und Carlo Masala. 2015. Politische Solidarität. Vermessung eines weiten und unerschlossenen Feldes. In *Solidarität. Politikwissenschaftliche Zugänge zu einem vielschichtigen Begriff* (Sonderband 2014 der Zeitschrift für Politikwissenschaft), hrsg. von Marianne Kneuer und Carlo Masala, 7–25. Baden-Baden: Nomos.

Krause, Ulf von. 2011. *Die Afghanistaneinsätze der Bundeswehr. Politischer Entscheidungsprozess mit Eskalationsdynamik .* Wiesbaden: Springer VS.

Lemke, Bernd. 2015. *Die Allied Mobile Force 1961–2002.* Berlin: De Gruyter.

Löfflmann, Georg. 2008. *Verteidigung am Hindukusch? Die Zivilmacht Deutschland und der Krieg in Afghanistan.* Hamburg: Diplomica Verlag.

Meyer, Thomas. 2005. *Die Zukunft der sozialen Demokratie.* Bonn: Friedrich-Ebert-Stiftung.

Morgen, Sven. 2015. Parlamentsvorbehalt und deutsche Bündnissolidarität innerhalb der NATO. In *Solidarität. Politikwissenschaftliche Zugänge zu einem vielschichtigen Begriff* (Sonderband 2014 der Zeitschrift für Politikwissenschaft), hrsg. von Marianne Kneuer und Carlo Masala, 197–228. Baden-Baden: Nomos.

Münch, Peter. 2001. *Strategielos in Afghanistan.* Berlin: Stiftung Wissenschaft und Politik.

Pawelczyk, Alfons. 1979. *Deutscher Bundestag: Antwort der Bundesregierung auf die Große Anfrage der Fraktionen der SPD und der FDP – Drucksache 8/2195. Endgültige Plenarprotokolle. 6. Wahlperiode.* Bonn: Bundesanzeiger Verlagsgesellschaft.

Pöllath, Moritz. 2017. *Eine Rolle für die NATO out-of-area? Das Bündnis in der Phase der Dekolonisierung 1949–1961.* Frankfurt a. M.: Peter Lang Verlag.

Rinke, Bernhard. 2009. Die Auslandseinsätze der Bundeswehr im Parteienstreit. In *Armee im Einsatz*, hrsg. von Hans J. Gießmann und Armin Wagner, 163–175. Baden-Baden: Nomos.

Schieder, Siegfried. 2015. Die Macht der Solidarität in den EU-Außenbeziehungen. In *Solidarität. Politikwissenschaftliche Zugänge zu einem vielschichtigen Begriff* (Sonderband 2014 der Zeitschrift für Politikwissenschaft, hrsg. von Marianne Kneuer und Carlo Masala, 163–195. Baden-Baden: Nomos.

Schröder, Florian. 2005. *Das parlamentarische Zustimmungsverhalten zum Auslandseinsatz der Bundeswehr in der Praxis.* Köln: Carl Heymanns Verlag.

Schuler, Katharina. 2006. Afghanistan: Verbündete vor. https://www.zeit.de/online/2006/47/Afghanistan/seite-2. Zugegriffen: 10. September 2018.

Sedmak, Clemens. 2010. Solidaritäten in Europa. In *Solidarität. Vom Wert der Gemeinschaft*, hrsg. von Clemens Sedmak, 43–58. Darmstadt: WBG.

Trump, Donald. 2018. Trump Confirms He Threatened to Withdraw from NATO. http://www.atlanticcouncil.org/blogs/natosource/trump-confirms-he-threatened-to-withdraw-from-nato. Zugegriffen: 10. September 2018.

Wehner, Herbert. 1974. *Deutscher Bundestag: Endgültige Plenarprotokolle. 7. Wahlperiode, 90. Sitzung.* Bonn: Bundesanzeiger Verlagsgesellschaft.

Wilkie, Christina. 2018. Trump is Pushing NATO Allies to Spend More on Defense. But So Did Obama and Bush. https://www.cnbc.com/2018/07/11/obama-and-bush-also-pressed-nato-allies-to-spend-more-on-defense.html. Zugegriffen: 10. September 2018.

Wörner, Manfred. 1974. *Deutscher Bundestag: Endgültige Plenarprotokolle. 7. Wahlperiode, 90. Sitzung.* Bonn: Bundesanzeiger Verlagsgesellschaft.

Würzbach, Peter Kurt. 1987. *Deutscher Bundestag: Endgültige Plenarprotokolle. 11. Wahlperiode, 29. Sitzung.* Bonn: Bundesanzeiger Verlagsgesellschaft.

Bündnissolidarität und Auslandseinsätze der Bundeswehr
Verfassungs- und völkerrechtliche Grundlagen

Christian Marxsen

1   Einleitung

In der Geschichte der Bundesrepublik Deutschland lassen sich im Hinblick auf militärische Auslandseinsätze verfassungsrechtlich drei Phasen identifizieren (vgl. Fassbender 2013, Rn. 17–34): Die erste währte von 1949 bis 1955 und kann als die Phase einer pazifistischen Verfassung bezeichnet werden. Die Bundesrepublik war nach dem Zweiten Weltkrieg demilitarisiert worden und auch das Grundgesetz enthielt keinerlei Vorschriften über die Einrichtung beziehungsweise den Einsatz von Streitkräften. Die zweite Entwicklungsphase währte von 1955 bis 1990. In diesem Zeitraum erfolgten mehrere Verfassungsänderungen, die die Voraussetzung für eine Wiederbewaffnung der Bundesrepublik schufen. Zu dieser Zeit sollte sichergestellt werden, dass die Bundesrepublik einen Verteidigungsbeitrag im Rahmen einer möglichen Konfrontation der Blöcke würde leisten können. Vorausgesetzt war zu dieser Zeit stets, dass militärische Auslandseinsätze der Bundeswehr im Rahmen multilateraler Bündnisstrukturen erfolgen würden. In der nunmehr seit 1990 andauernden dritten Phase hat sich das

101

© Springer Fachmedien Wiesbaden GmbH, ein Teil von Springer Nature 2019
I.-J. Werkner und M. Haspel (Hrsg.), *Bündnissolidarität und ihre friedensethischen Kontroversen*, Gerechter Frieden, https://doi.org/10.1007/978-3-658-25160-4_6

Einsatzspektrum erheblich erweitert. Einsätze erfolgen noch immer in nahezu allen Situationen im Rahmen von Bündnisoperationen. Deren Charakter aber hat sich erheblich gewandelt: Auslandseinsätze finden mit größerer Häufigkeit statt und sie verfolgen Zwecke, die nicht auf eine territoriale Verteidigung der Bundesrepublik oder ihrer Bündnispartner im engeren Sinne abzielen, sondern deren Charakter und Reichweite deutlich breiter angelegt sind.

Ein aktuelles Beispiel, das zugleich den gegenwärtig umstrittensten Einsatz der Bundeswehr darstellt, ist die deutsche Beteiligung an Einsätzen gegen die Terrororganisation „Islamischer Staat". Während eine Reihe von Staaten, unter anderem die USA und das Vereinigte Königreich, bereits seit 2014 auch auf syrischem Gebiet gegen den Islamischen Staat militärisch vorgehen, entschloss sich nach den verheerenden Terroranschlägen in Paris vom 13. November 2015 eine Reihe weiterer Staaten, darunter auch Deutschland, zu einem solchen Militäreinsatz. Der Einsatz erfolgte dabei nicht nur auf irakischem Territorium, für welches eine Einladung der dortigen Regierung vorlag, sondern auch auf syrischem Gebiet, wiewohl Syrien eine entsprechende Zustimmung nicht erteilt hatte. Wie noch genauer zu analysieren ist, spielte für Deutschland eine „Bündnislogik" eine zentrale Rolle für die rechtliche Rechtfertigung dieses Einsatzes. Es wird allerdings herauszuarbeiten sein, dass diese Bündnislogik zugleich in Widerspruch zu verfassungs- und völkerrechtlichen Anforderungen an Bundeswehreinsätze gerät.

Dieser Beitrag gibt im Folgenden einen Überblick über die verfassungs- und völkerrechtlichen Rechtsfragen und Problemstellungen, die mit der Praxis gegenwärtiger Bündniskooperationen im Hinblick auf Auslandseinsätze der Bundeswehr verbunden sind. Zunächst wendet sich das zweite Kapitel den bestehenden völkerrechtlichen Rahmenbedingungen für Einsätze der Bundeswehr zu. Das dritte Kapitel nimmt die verfassungsrechtlichen Vorgaben für Auslandseinsätze der Bundeswehr in den Blick.

Schließlich präsentiert das vierte Kapitel eine aktuelle Problemdiagnose. Es wird gezeigt, dass sich in der Praxis der Staaten verstärkt Einsätze im Rahmen partikularer Bündnisse finden, die nicht selten zu den völkerrechtlichen Rahmenbedingungen in Widerspruch treten und darüber hinaus im Falle der Bundesrepublik auch verfassungsrechtlich problematisch sind. Dies führt im Ergebnis zu einer Bedrohung und potenziellen Unterminierung des eigentlichen Zwecks der Bündniskooperation, der in der Sicherung des Friedens durch multilaterale Kooperation liegt. In der gegenwärtigen Praxis zeigt sich dagegen, dass die Bündnislogik oft vorschnell als rechtfertigendes Argument für eine Beteiligung an Militäreinsätzen herangezogen wird, für die weder eine sichere völker- noch verfassungsrechtliche Basis besteht.

2 Völkerrechtlicher Rahmen für Auslandseinsätze der Bundeswehr

Die Bundesrepublik Deutschland darf sich an Militäreinsätzen nur beteiligen, sofern diese mit dem Völkerrecht konform sind. Der für die Bewertung von Militäreinsätzen entscheidende völkerrechtliche Maßstab findet sich im völkerrechtlichen Gewaltverbot, welches einen der normativen Grundpfeiler der internationalen Ordnung und eine zentrale Errungenschaft der UN-Charta darstellt. Das Gewaltverbot ist in Art. 2 Abs. 4 UN-Charta verankert, gilt aber auch als völkergewohnheitsrechtliche Norm. Zentraler Gehalt des völkerrechtlichen Gewaltverbots ist das an Staaten gerichtete Verbot, die territoriale Integrität oder politische Unabhängigkeit eines anderen Staates durch militärische Gewalt zu verletzen.

Wichtig ist bei allem, dass die Geltung eines generellen Gewaltverbots keine pazifistische Position des Völkerrechts impliziert. Militärischer Gewalteinsatz ist vielmehr völkerrechtlich in einigen

Konstellationen zulässig, nämlich dann, wenn einer der drei anerkannten Ausnahmetatbestände einschlägig ist: Zulässig ist eine Intervention, wenn sie auf Einladung, das heißt mit Zustimmung des betreffenden Staates erfolgt. In diesem Sinne hat beispielsweise der Irak seine Zustimmung zur Präsenz internationaler Truppen im Rahmen des Kampfes gegen den Islamischen Staat erklärt (vgl. UN-Dok. S/2014/691 vom 22. September 2014). Der Einsatz militärischer Gewalt ist völkerrechtlich auch dann zulässig, wenn der UN-Sicherheitsrat nach Kapitel VII der UN-Charta eine entsprechende Zwangsmaßnahme autorisiert. Schließlich ist nach Art. 51 UN-Charta ein Einsatz militärischer Gewalt dann erlaubt, wenn er für die Selbstverteidigung eines Staates gegen einen bewaffneten Angriff notwendig und verhältnismäßig ist. Selbstverteidigung kann dabei durch den angegriffenen Staat selbst erfolgen, sie kann aber auch als sogenannte kollektive Selbstverteidigung durch Drittstaaten erfolgen, sofern der angegriffene Staat um eine entsprechende Unterstützung bittet. In jedem Fall ist es die Kernidee der UN-Charta, den Einsatz militärischer Gewalt zwischen Staaten zu begrenzen und Sicherheit soweit als möglich durch die multilateralen Strukturen der Vereinten Nationen zu gewährleisten.

Bildet das völkerrechtliche Gewaltverbot den unhintergehbaren Rahmen für mögliche Einsätze der Bundeswehr, so ergibt sich ein entscheidendes Problem daraus, dass die völkerrechtlichen Regeln über das Gewaltverbot selbst in vielerlei Hinsicht hochgradig umstritten und im Hinblick auf wichtige Rechtsfragen nicht völlig geklärt sind. Dies mag ein Blick auf das eingangs erwähnte Beispiel der Militäreinsätze gegen den Islamischen Staat auf syrischem Territorium illustrieren (vgl. Aust und Payandeh 2018, S. 639ff.). Mangels einer Einladung der syrischen Regierung und einer dezidierten Autorisierung eines Militäreinsatzes gegen den Islamischen Staat auf syrischem Territorium durch den UN-Sicherheitsrat können sich die handelnden Staaten allein auf ein mögliches Recht zur Selbstverteidigung berufen. Traditionell wurde dieses Recht allerdings so verstanden, dass es nur zur Verteidigung gegen einen staatlichen Angriff berechtige, nicht jedoch zur Verteidigung gegen einen Angriff nichtstaatlicher Akteure. Ob es in diesem Zusammenhang – insbesondere im Nachgang der Anschläge des 11. September 2001 und der von den USA angeführten und als Selbstverteidigung gerechtfertigten Afghanistanintervention – zu einer Änderung der Rechtslage gekommen ist, ist Gegenstand weitgreifender Debatten (vgl. O'Connell et al. 2019; Peters und Marxsen 2017). In Teilen der staatlichen Praxis sowie der akademischen Debatten wird eine Lockerung des Zurechnungserfordernisses angenommen oder vorgeschlagen. Einige Staaten – wie die USA, Australien oder die Türkei – erachten Selbstverteidigungseinsätze gegen nichtstaatliche Akteure als zulässig, sofern der Staat, auf dessen Territorium der Einsatz erfolgt, nicht willens oder nicht in der Lage ist, von seinem Territorium ausgehende Angriffe durch nichtstaatliche Akteure zu unterbinden (vgl. z. B. die Positionierung der USA im Hinblick auf den Syrieneinsatz, UN-Dok. S/2014/695 vom 23. September 2014; kritisch hierzu Corten 2016). Staaten wie Deutschland und Belgien haben sich in ihrer Rechtfertigung dagegen auf die territoriale Kontrolle durch den Islamischen Staat gestützt. Das Argument ist hier, kurz gesprochen, dass militärische Maßnahmen in vom Islamischen Staat besetzten Gebiet die territoriale Integrität Syriens nicht tangieren, da Syrien ohnehin keine Kontrolle mehr innehat. Mit dieser Rechtfertigung wird letztlich versucht, die Ausweitung des Selbstverteidigungsrechts möglichst nah an der traditionellen, staatszentrierten Interpretation des Selbstverteidigungsrechts zu belassen (vgl. die deutsche Stellungnahme an den UN-Sicherheitsrat, UN-Dok. S/2015/946 vom 10. Dezember 2015). In jedem Fall aber bestehen für eine derartige Ausweitung des Selbstverteidigungsrechts keine etablierten und generell akzeptierten rechtlichen Standards. Vielmehr sind wir mit einer gerade stattfindenden rechtlichen Entwicklung konfrontiert, in deren Zuge die rechtlichen Vorgaben in erheblichem Maße unklar geworden sind. Der Bundeswehreinsatz in Syrien bewegt sich also bestenfalls in einer rechtlichen Grauzone (Payandeh und Sauer 2016, S. 36).

Dies wirft die grundlegende Frage auf, wie mit Unsicherheiten des Völkerrechts im Rahmen des deutschen politischen Prozesses umzugehen ist. Wie sehr darf die Bundesregierung sich auf Lesarten des Völkerrechts stützen, die international zwar vertreten werden und möglicherweise in Zukunft zur allgemein akzeptierten Lesart des Rechts avancieren, einstweilen aber noch nicht ohne Weiteres als *das Recht* angesehen werden können?

Diese die völkerrechtliche Rechtslage betreffende Frage ist für die Bundesrepublik letztlich auf der Grundlage des Grundgesetzes zu beantworten. Und in der Tat ergibt sich eine Antwort aus der Zusammenschau einer Reihe grundgesetzlicher Vorschriften. Bereits die Präambel des Grundgesetzes formuliert das Ziel, die Bundesrepublik möge „als gleichberechtigtes Glied in einem vereinten Europa dem Frieden der Welt" dienen. Art. 1 Abs. 2 GG enthält darüber hinaus ein Bekenntnis zu Menschenrechten als der „Grundlage jeder menschlichen Gemeinschaft, des Friedens und der Gerechtigkeit in der Welt". In Art. 24 Abs. 2 GG wird erneut „die Wahrung des Friedens" und das Ziel der Sicherung und Herbeiführung einer „friedliche[n] und dauerhafte[n] Ordnung in Europa und zwischen den Völkern der Welt" betont. Über Art. 25 GG sind zudem die allgemeinen Regeln des Völkerrechts, zu denen auch das völkergewohnheitsrechtliche Gewaltverbot zählt, Bestandteil des Bundesrechts. Sie binden also die deutsche staatliche Gewalt auch innerstaatlich und gehen nach Art. 25 S. 2 GG den Gesetzen vor. Ferner erklärt Art. 26 Abs. 1 GG „Handlungen, die geeignet sind und in der Absicht vorgenommen werden, das friedliche Zusammenleben der Völker zu stören, insbesondere die Führung eines Angriffskrieges vorzubereiten" für verfassungswidrig. Die völkerrechtlichen Regeln, die einen Angriffskrieg verbieten, sind – jedenfalls im Falle offensichtlicher Verstöße (vgl. Herdegen 2017, Rn. 27) – über diese Vorschrift also auch verfassungsrechtlich verankert. Schließlich verlangt der in der Verfassungsrechtsprechung anerkannte Grundsatz der Völkerrechtsfreundlichkeit des Grundgesetzes, deutsche hoheitliche Maßnahmen möglichst so auszuüben, dass sie mit völkerrechtlichen Pflichten nicht konfligieren (vgl. Herdegen 2016, Rn. 7). Ein wichtiger Gesichtspunkt ist mithin, dass das Grundgesetz der Friedenswahrung im Rahmen des Völkerrechts einen zentralen Stellenwert beimisst.

Als weiterer wichtiger Aspekt für den Umgang mit rechtlichen Unsicherheiten erweist sich die zentrale Bedeutung, die das völkerrechtliche Gewaltverbot als Grundpfeiler der internationalen Ordnung innehat. Aufweichungen dieses Prinzips können mitunter schwerwiegende Konsequenzen haben. Insbesondere leistet die Etablierung breiterer Ausnahmetatbestände für militärische Interventionen einem Unilateralismus Vorschub, der die multilateralen Kooperationsstrukturen der Vereinten Nationen umgeht. Ein verstärktes Eintreten für Einsätze außerhalb der Strukturen der Vereinten Nationen auf der Grundlage international nicht allgemein geteilter Interpretationen des Selbstverteidigungsrechts begründet die Gefahr der Unterminierung der bestehenden völkerrechtlichen Ordnung. So ist beispielsweise das geforderte Selbstverteidigungsrecht gegen nichtstaatliche Akteure geeignet, ein allgemeines Interventionsrecht zu begründen und damit das im völkerrechtlichen Gewaltverbot begründete Regel-Ausnahme-Verhältnis umzukehren (zur Kritik der Rechtfertigung der Bundesrepublik vgl. Aust und Payandeh 2018, S. 639).

Bildet das Gewaltverbot einen zentralen normativen Pfeiler des Völkerrechts wie auch der bundesdeutschen verfassungsrechtlichen Ordnung, so folgt, dass für einen Militäreinsatz stets eine *sichere* rechtliche Grundlage vorliegen muss. Daher erlaubt es das Grundgesetz den staatlichen Organen nicht, „bis an die Grenzen des völkerrechtlich Zulässigen zu gehen oder dogmatischen Streit auszunutzen, um in möglichst unbeschränkter nationaler Freiheit militärische Gewalt im und gegen das Ausland anzuwenden" (Fassbender 2013, Rn. 49). „Vielmehr", so Bardo Fassbender weiter, „ist das Grundgesetz über den umstrittenen Buchstaben des Völkerrechts hinaus dem Geist der im Zeichen der Vereinten Nationen errichteten Friedensordnung verpflichtet" (Fassbender 2013, Rn. 49).

Ist in diesem Sinne eine sichere Grundlage für einen Einsatz basierend auf dem Selbstverteidigungsrecht nicht gegeben, so kann ein Einsatz der Bundeswehr nur erfolgen, sofern der UN-Sicherheitsrat einen Einsatz nach Kapitel VII der UN-Charta mandatiert, was im Falle Syriens aber eben gerade unterblieb.

Im Hinblick auf die Frage der Bündniskooperation und die militärische Hilfe im Rahmen von Bündnissen sind ferner explizit normierte Beistandspflichten in völkerrechtlichen Verträgen von Bedeutung. Insbesondere relevant ist insoweit Art. 5 des Nordatlantikvertrags, in dem die Mitglieder der NATO „vereinbaren, daß ein bewaffneter Angriff gegen eine oder mehrere von ihnen in Europa oder Nordamerika als ein Angriff gegen sie alle angesehen werden wird". Für diesen Fall verpflichten sich die NATO-Staaten Beistand zu leisten, „um die Sicherheit des nordatlantischen Gebiets wiederherzustellen und zu erhalten".

Eine ähnliche, zum Beistand verpflichtende Vorschrift enthält nunmehr auch Art. 42 Abs. 7 des EU-Vertrags (EUV), in dem sich die EU-Mitgliedsstaaten für den Fall eines bewaffneten Angriffs auf das Hoheitsgebiet eines Mitgliedsstaats zu „Hilfe und Unterstützung" verpflichten. Diese Vorschrift wurde – in veränderter Fassung – aus der im Vertrag über die 2011 aufgelöste Westeuropäische Union enthaltenen Beistandspflicht übernommen. Für den Fall terroristischer Bedrohungen oder Anschläge enthält ferner Art. 222 des Vertrags über die Arbeitsweise der EU (AEUV) eine weitere Beistandsklausel.

Sowohl im Rahmen der NATO als auch der EU folgt aus den Beistandsklauseln kein Automatismus für einen Militäreinsatz. Zwar besteht eine Pflicht zum Beistand. Den Staaten kommt aber, wie das Bundesverfassungsgericht im Hinblick sowohl auf die NATO als auch auf die EU festhielt, ein Beurteilungsspielraum hinsichtlich des Inhalts des zu leistenden Beistands zu (BVerfGE 68, 1, 93; 123, 267, 424; zur Diskussion der verschiedenen Beistandsklauseln vgl. auch Moser 2015).

3 Verfassungsrechtliche Vorgaben

Die Völkerrechtskonformität von Bundeswehreinsätzen ist aber nur die notwendige, keineswegs die hinreichende Bedingung für die Rechtmäßigkeit von Bundeswehreinsätzen. Nicht alle völkerrechtskonformen Einsätze sind daher auch verfassungsgemäß, vielmehr stellt das Grundgesetz weitere Voraussetzungen auf, denen wir uns nunmehr zuwenden wollen (zu den Anforderungen des Grundgesetzes vgl. Peters 2018).

3.1 Verfassungsrechtliche Grundlagen für Bundeswehreinsätze

Aus verfassungsrechtlicher Perspektive sind zwei Arten von Voraussetzungen für den Auslandseinsatz der Bundeswehr zu differenzieren: Erstens besteht stets die *prozedurale* Voraussetzung, derzufolge der Bundestag jeden Einsatz der Bundeswehr

zu beschließen hat. Das Bundesverfassungsgericht hat in seinem
Streitkräfteurteil aus dem Jahr 1994 entschieden, dass jedweder
bewaffneter Einsatz der Streitkräfte vom Parlament beschlossen
werden muss (BVerfGE 90, 286, 381).

Zweitens stellt die Verfassung *materiell-rechtliche* Anforderungen an einen Einsatz der Bundeswehr, auf die wir uns im Folgenden
konzentrieren wollen. Eine wichtige verfassungsrechtliche Norm für
Auslandseinsätze der Bundeswehr ist Art. 87a GG. Diese Vorschrift
bestimmt in Abs. 1, dass der Bund Streitkräfte zur Verteidigung
aufstellt und hält in Abs. 2 fest: „Außer zur Verteidigung dürfen
Streitkräfte nur eingesetzt werden, soweit dieses Grundgesetz es
ausdrücklich zulässt". Verfassungsrechtlich unumstritten ist, dass
auf der Grundlage von Art. 87a Abs. 1 und 2 GG Einsätze „zur
Verteidigung" zulässig sind. Klare Fälle zulässiger Verteidigung betreffen die sogenannte Territorialverteidigung, also die Verteidigung
des bundesrepublikanischen Territoriums gegen den Angriff eines
anderen Staates, aber auch die sogenannte Bündnisverteidigung,
das heißt die Verteidigung eines anderen, mit der Bundesrepublik
durch einen internationalen Vertrag verbundenen Staates. Die
weiteren Konturen des Verteidigungsbegriffs sind indessen weithin
umstritten. Das betrifft insbesondere die Frage nach der Zulässig-
keit der sogenannten Drittstaatennothilfe, die Verteidigung also
von Staaten, mit denen die Bundesrepublik nicht verbündet ist.
Ebenso umstritten – in der verfassungsrechtlichen Literatur aber
weithin abgelehnt – ist, ob auch die Rettung von Staatsbürgern und
-bürgerinnen im Ausland als eine Form der Verteidigung, nämlich
als „Personalverteidigung", gewertet werden kann. Ebenso kontrovers wird diskutiert, ob eine Verteidigung auch gegen Angriffe
nichtstaatlicher Akteure zulässig ist oder ob nicht vielmehr der
Begriff der Verteidigung im Sinne des Grundgesetzes stets einen
einem Staat zurechenbaren Angriff voraussetzt.

Die mangelnden Konturen des Verteidigungsbegriffs gehen zum einen auf das Fehlen einer die Rechtslage präzisierenden Entscheidung des Bundesverfassungsgerichts zurück, aber auch auf den Umstand, dass sich die Bundesregierung bislang nicht explizit auf einen Einsatz „zur Verteidigung" im Sinne des Art. 87a Abs. 2 GG berufen hat. Im Rahmen der Syrienintervention beispielsweise hat die Bundesregierung zwar implizit den Gedanken und Zweck einer Verteidigung angeführt. So berief sich die Bundesregierung zur völkerrechtlichen Rechtfertigung des Einsatzes explizit auf das Recht, insbesondere Frankreichs und des Irak, auf (kollektive) Selbstverteidigung (BT-Drs. 18/6866 vom 1. Dezember 2015, S. 1). Verfassungsrechtlich aber stellte die Regierung nicht auf „Verteidigung" im Sinne des Art. 87a Abs. 2 GG ab, sondern hat sich, wie der Vorsitzende des Auswärtigen Ausschusses Norbert Röttgen (CDU) im Bundestag formulierte, „nicht dazu durchgerungen, dieses Neuland zu betreten" (Plenarprotokoll 18/144, S. 14117).

Im Hinblick auf den Syreneinsatz hat sich die Bundesregierung vielmehr auf die Standardrechtfertigung, nämlich auf Art. 24 Abs. 2 GG, berufen. In seinem richtungsweisenden Streitkräfteurteil des Jahres 1994 hat das Bundesverfassungsgericht entschieden, dass jenseits von Einsätzen zur Verteidigung ein Bundeswehreinsatz verfassungsrechtlich auch auf Art. 24 Abs. 2 GG gestützt werden kann (BVerfGE 90, 286, 355). Nach Art. 24 Abs. 2 GG kann sich die Bundesrepublik „zur Wahrung des Friedens einem System gegenseitiger kollektiver Sicherheit einordnen". Die Bundesrepublik darf sich also auf der Grundlage völkerrechtlicher Verträge internationalen Bündnisstrukturen anschließen und darf dabei, wie Art. 24 Abs. 2 GG weiter ausführt, auch in die Beschränkung deutscher Hoheitsrechte einwilligen. Das Bundesverfassungsgericht entschied nun, dass diese Ermächtigung zur „Eingliederung" auch die Ermächtigung zur Beteiligung an Militäreinsätzen beinhalte, die im Rahmen eines Systems gegenseitiger kollektiver Sicherheit

vorgenommen werden. Die Berufung auf diese Rechtsgrundlage
ist, bis auf wenige Ausnahmen, der Standardfall der bundesdeutschen Praxis, deren Voraussetzungen nunmehr näher betrachtet
werden sollen, da sie die Zentralnorm für die Bündniskooperation
der Bundesrepublik darstellt.

3.2   Der Begriff des Systems gegenseitiger kollektiver Sicherheit

Ein System gegenseitiger kollektiver Sicherheit setzt zunächst
voraus, dass das System über ein friedenssicherndes Regelwerk
verfügt. Die Friedenswahrung ist „stets zwingender Bestandteil
der Vertragsgrundlage eines Systems gegenseitiger kollektiver
Sicherheit" (BVerfGE 118, 244, 261). Weiterhin bedarf es des Auf-
baus einer eigenen Organisation, die die Sicherung des Friedens
auch gewährleisten kann (BVerfGE 90, 286, 349). Das Element der
Gegenseitigkeit schließlich stellt sicher, dass die Bundesrepublik
durch die Einordnung in das System nicht nur Pflichten, sondern
auch das Recht auf Beistand erwirbt (BVerfGE 90, 286, 348).
    Es ist unstrittig, dass die Vereinten Nationen diese Anforde-
rungen an ein System gegenseitiger kollektiver Sicherheit erfüllen.
Sie stellen, wie das Bundesverfassungsgericht konstatiert, das
„Leitbild eines Sicherheitssystems im Sinne des Art. 24 Abs. 2
GG" dar (BVerfGE 104, 151, 195). Die Frage, ob auch kollektive
Verteidigungssysteme wie die NATO als System gegenseitiger
kollektiver Sicherheit angesehen werden können, war in der ver-
fassungsrechtlichen Debatte lange umstritten und wurde in der
Rechtswissenschaft überwiegend abgelehnt (vgl. z. B. Forsthoff 1953,
S. 335f.; Wieland 1991, S. 1177). Einer weithin vertretenen Differen-
zierung zufolge waren derartige Verteidigungsbündnisse gerade
keine kollektiven Sicherheitssysteme. Nach dieser Interpretation

des Begriffs sind kollektive Sicherheitssysteme dadurch gekennzeichnet, dass sie den Frieden unter den Mitgliedern des Bündnisses wahren, wohingegen kollektive Verteidigungsbündnisse eine Verteidigung der Bündnismitglieder nach außen sicherstellen sollen. Das Bundesverfassungsgericht hat in seinem Streitkräfteurteil von 1994 gleichwohl entschieden, dass aus verfassungsrechtlicher Sicht die NATO ungeachtet ihres Charakters als Verteidigungsbündnis als System gegenseitiger kollektiver Sicherheit zu qualifizieren sei (BVerfGE 90, 286, 349ff.). Im Nachgang der Entscheidung des Verfassungsgerichts werden in der rechtswissenschaftlichen Auseinandersetzung nur noch vereinzelt Positionen vertreten, die die Qualifizierung der NATO als kollektives Sicherheitssystem zurückweisen (vgl. z. B. Deiseroth 2002, Rn. 285–291).[1]

Im Hinblick auf Militäreinsätze gewinnt auch die Europäische Union zunehmend an Bedeutung. Ob diese allerdings als ein System im Sinne des Art. 24 Abs. 2 GG qualifiziert werden kann, ist umstritten. Das Bundesverfassungsgericht hatte sich im Lissabonurteil des Jahres 2009 dahingehend geäußert, dass durch den Vertrag von Lissabon „der Schritt der Europäischen Union zu einem System gegenseitiger kollektiver Sicherheit [...] noch nicht gegangen wird" (BVerfGE 123, 267, 425). In der Praxis der Bundesrepublik aber wird dieser (scheinbaren) Ablehnung keine Bedeutung beigemessen. Die Bundesrepublik beteiligt sich vielmehr an einer Reihe von militärischen Aktionen, für die sie sich auf ein Handeln im Rahmen eines Systems gegenseitiger kollektiver Sicherheit stützt, die allerdings von der EU geführt werden.[2] Auch in der Literatur wird die EU weithin als System

---

1   In den Internationalen Beziehungen wird dagegen weiterhin konsequent zwischen Systemen kollektiver Sicherheit und Verteidigungsbündnissen unterschieden.

2   So beispielsweise die Ausgangsmandate für die Missionen ATALANTA (vgl. BT-Drs. 16/11337 vom 10. Dezember 2008), EUTM Mali (vgl.

gegenseitiger kollektiver Sicherheit qualifiziert (vgl. Krieger 2018, Rn. 21; Epping 2016, Rn. 20.1; Classen 2018, Rn. 94).

Die Ausführungen des Bundesverfassungsgerichts stehen einer solchen Einordnung nicht entgegen, da sie als *obiter dictum* zu verstehen und insofern nicht formell bindend sind (vgl. Krieger 2018, Rn. 21). Dem Bundesverfassungsgericht ging es um eine Absicherung des Parlamentsvorbehalts, nicht aber um eine Entscheidung betreffend den Begriff des Systems gegenseitiger kollektiver Sicherheit im Rahmen des Art. 24 Abs. 2 GG.

Für die Einordnung der EU als ein System gegenseitiger kollektiver Sicherheit spricht schließlich auch, dass bereits die 2011 in der EU aufgegangene Westeuropäische Union als Sicherheitssystem anerkannt worden war (BVerfGE 90, 286, 350f.). Hat nun allerdings auch nach Auffassung der Vertragsstaaten der WEU die EU durch ihre Gemeinsame Außen- und Sicherheitspolitik die Funktion der WEU übernommen,[3] so ist es nur folgerichtig, auch die EU als kollektives Sicherheitssystem anzuerkennen. Dafür spricht insbesondere auch das den europäischen Institutionen eingeschriebene Ziel der Friedenswahrung ebenso wie der Umstand, dass das EU-Primärrecht mit Art. 42 Abs. 7 EUV und Art. 222 AEUV eine der Beistandspflicht aus Art. 5 NATO-Vertrag vergleichbare Pflicht statuiert.

Nicht als System gegenseitiger kollektiver Sicherheit können dagegen ad hoc-Zusammenschlüsse von sogenannten „Koalitionen

---

BT-Drs. 17/12367 vom 19. Februar 2013), EUTM Somalia (vgl. BT-Drs. 18/857 vom 19. März 2014) und EU NAVFOR MED (vgl. BT-Drs. 18/6013 vom 16. September 2015).

3 Vgl. hierzu das Statement of the Presidency of the Permanent Council of the WEU on behalf of the High Contracting Parties to the Modified Brussels Treaty – Belgium, France, Germany, Greece, Italy, Luxembourg, The Netherlands, Portugal, Spain and the United Kingdom. Brüssel, 31. März 2010. www.weu.int/Declaration_E.pdf.

der Willigen" angesehen werden (vgl. Wollenschläger 2015, Rn. 68), da es diesen an der für ein Sicherheitssystem erforderlichen institutionellen Verfestigung sowie einer vertraglichen Grundlage ei mangelt. Schließen sich Staaten allein zur Verfolgung eines punktuellen militärischen Ziels zusammen, erfüllt dies die organisatorischen Mindeststandards nicht.

3.3   Einsätze im Rahmen eines Systems gegenseitiger kollektiver Sicherheit

Die zweite wichtige Voraussetzung für die Verfassungsmäßigkeit konkreter Einsätze nach Art. 24 Abs. 2 GG ist, dass ein Einsatz auch „im Rahmen und nach den Regeln" des Systems gegenseitiger kollektiver Sicherheit erfolgt (BVerfGE 90, 286, 345; 121, 135, 156; 126, 55, 71). Das wirft die Frage auf, wie der konkrete Einsatz an das Bündnis an- und rückgebunden sein muss, insbesondere, welche Organe Entscheidungen treffen müssen und wie konkret ein Einsatz durch eine Entscheidung dieses Organs mandatiert oder bestimmt worden sein muss. Wir können hier zwei Voraussetzungen identifizieren: Erstens muss das nach den internen Regeln der Organisation zuständige Organ die Entscheidung über einen Einsatz treffen. Zweitens muss sich der rechtliche und tatsächliche Rahmen des Militäreinsatzes mit hinreichender Klarheit im Wege der Auslegung aus der Entscheidung ermitteln lassen.

Für den alle Staaten betreffenden Rahmen der Vereinten Nationen ist der UN-Sicherheitsrat die primär zuständige Instanz, da er nach Art. 24 Abs. 2 der UN-Charta die Hauptverantwortung für die Wahrung des Weltfriedens trägt und ausschließlich er verbindliche Entscheidungen treffen kann (vgl. Art. 25 sowie Kap. VII UN-Charta). Eine in der institutionellen Struktur der Vereinten Nationen wurzelnde Besonderheit liegt darin, dass der UN-Sicherheitsrat Zwangsmaßnahmen nicht selber ausführen kann. Zwar ist die Idee einer „UN-Armee" in Art. 43 UN-Charta vorgesehen, demzufolge die Staaten dem Sicherheitsrat auf der Grundlage spezieller Abkommen Truppen zum Zwecke der Friedenssicherung zur Verfügung stellen sollen. Da solche Abkommen bisher aber nicht abgeschlossen worden sind, bleibt dem Sicherheitsrat nur, Einsätze in Resolutionen mit verschiedenen Abstufungen an Dringlichkeit zu autorisieren oder zu ihnen aufzufordern. Der Sicherheitsrat hat dabei erhebliche Gestaltungs- und Formulierungsspielräume, die zu Unsicherheiten dahingehend führen können, ob ein Einsatz tatsächlich *im Rahmen* der Vereinten Nationen erfolgt.

Allgemein anerkannt ist, dass ein Handeln im Rahmen der Vereinten Nationen vorliegt, wenn der Sicherheitsrat einen Militäreinsatz als Zwangsmaßnahme nach Kapitel VII der UN-Charta beschließt. Die typischen Strukturmerkmale einer solchen einen Militäreinsatz autorisierenden Resolution sind, dass der Sicherheitsrat vor dem operativen Abschnitt der Resolution die Worte „Acting under Chapter VII of the Charter" anführt und für konkrete Maßnahmen den Einsatz militärischer Gewalt autorisiert („*authorizes* the use of all necessary means"). Wie bereits erörtert bewirkt eine solche Resolution in völkerrechtlicher Hinsicht eine Legalisierung von Zwangsmaßnahmen, die gegen den Willen eines betroffenen Staates eingeleitet werden und die ohne solch eine Autorisierung als völkerrechtswidrig anzusehen wären, da sie die Souveränitätsrechte eines Staates verletzen.

Jenseits der Autorisierung des Einsatzes von Gewalt fordert der Sicherheitsrat in Resolutionen nach Kapitel VII oft auch zu weiteren Maßnahmen (die auch in militärischen Einsätzen resultieren) auf, die aber nicht gegen den Willen des betroffenen Staates erfolgen, sondern völkerrechtlich auf dessen Zustimmung basieren. So hat der Sicherheitsrat beispielsweise in Resolution 2085 (2012) die Mitgliedsstaaten dringend aufgerufen („urges"), das Militär

Malis durch Trainingsmissionen zu unterstützen (vgl. UN-Dok. S/RES/2085 vom 20. Dezember 2012, para. 7). Hierauf hat die EU reagiert und eine Trainingsmission entsandt, an der sich auch die Bundesrepublik beteiligte (EUTM Mali, vgl. BT-Drs. 17/12367 vom 19. Februar 2013).

In vielen Fällen aber schafft der Sicherheitsrat Einsatzgrundlagen, auch ohne Resolutionen nach Kapitel VII der UN-Charta zu verabschieden. Dies ist insbesondere dort der Fall, wo es wegen des Vorliegens einer Einwilligung aller betroffenen Staaten einer Zwangsmaßnahme nach Kapitel VII gar nicht bedarf. Insoweit wäre es verfassungsrechtlich verfehlt, generell das Vorliegen einer Resolution nach Kapitel VII zu verlangen. So wurden beispielsweise die klassischen Einsätze von *Peacekeeping*-Missionen früher nicht nach Kapitel VII, sondern nach Kapitel VI der UN-Charta (friedliche Streitbeilegung) eingesetzt. Aus verfassungsrechtlicher Perspektive ist eine solche Resolution eine hinreichende Grundlage für die Annahme eines Einsatzes im Rahmen des Bündnisses.

Allgemein gesprochen ist eine hinreichende verfassungsrechtliche Grundlage für einen Einsatz „im Rahmen eines Bündnisses" immer dann gegeben, wenn sich die wesentlichen Konturen eines Einsatzes im Wege der Auslegung aus einer Resolution des Sicherheitsrats ermitteln lassen. So hat der Sicherheitsrat beispielsweise in Resolution 2118 (2013) die UN-Mitglieder ermutigt („encourages"), die Vereinten Nationen und die Organisation für das Verbot Chemischer Waffen (OPCW) durch technische Hilfe, Personal oder Ausrüstung dabei zu unterstützen, das syrische Chemiewaffenprogramm zu eliminieren (vgl. UN-Dok. S/RES/2118 vom 27. September 2013, para. 10). Die Bundeswehr beteiligte sich in der Folge mit der Operation Maritime Escort Mission (MEM OPCW) und bot dem Schiff, auf dem die Vernichtung der Chemiewaffen erfolgte, Geleitschutz (vgl. BT-Drs. 18/984 vom 2. April 2013). Obgleich die Resolution nicht nach Kapitel VII erging, beinhaltet

sie doch klar die Voraussetzungen, unter denen Staaten sich an
der Mission beteiligen sollen und ist insoweit eine hinreichende
Grundlage, um eine Operation „im Rahmen und nach den Regeln"
des Sicherheitssystems anzunehmen.

In der Praxis kontrovers sind Fälle, in denen der Sicherheitsrat
einen bestimmten Militäreinsatz nicht klar autorisiert oder zu
ihm auffordert, sondern diesen mit vagen Termini andeutet, ohne
dass sich hieraus der rechtliche und tatsächliche Rahmen mit
Klarheit ableiten ließe. Dies ist der Fall zum Beispiel im Hinblick
auf die Resolution 2249 (2015) betreffend den Kampf gegen die
Terrororganisation Islamischer Staat. In dieser Resolution rief der
Sicherheitsrat die Mitgliedsstaaten der Vereinten Nationen auf, sich
im Rahmen des Völkerrechts am Kampf gegen den Islamischen
Staat zu beteiligen (vgl. UN-Dok. S/RES/2249 vom 20. November
2015, para. 5). Die Bundesrepublik sah diese als einen Einsatz im
Rahmen eines Systems gegenseitiger kollektiver Sicherheit an und
berief sich unter anderem darauf, dass Resolution 2249 die Staaten
auffordert („calls upon"), Maßnahmen gegen den Islamischen
Staat zu ergreifen (vgl. BT-Drs. 18/6866 vom 1. Dezember 2015)
(diese Interpretation auch bei Peters 2018). Gegen diese Auffassung spricht allerdings, dass es der Sicherheitsrat in Resolution
2249 gerade unterließ, den Rahmen für einen Einsatz gegen den
Islamischen Staat in irgendeiner Weise näher zu bestimmen. Vielmehr äußerte er sich auf eine opake Weise, in deren Konsequenz
westliche Staaten einerseits und Russland und Syrien andererseits
auf gegnerischen Seiten des Konflikts aktiv wurden. Der Sicherheitsrat stellte es gänzlich den UN-Mitgliedsstaaten anheim, im
Rahmen des Völkerrechts Maßnahmen gegen den Islamischen
Staat zu ergreifen. Unterlässt es der Sicherheitsrat aber, die groben
Konturen eines Einsatzes vorzuzeichnen und zu koordinieren, so
liegt gerade kein dem Sicherheitsrat in irgendeiner Weise zure-
chenbarer Einsatz vor. Der Sache nach haben wir es nicht mit einer

Maßnahme im Rahmen eines Bündnisses zu tun. Der Sicherheitsrat entschied nämlich gerade nicht, wie und mit welchen Mitteln
der Islamische Staat zu bekämpfen sei, wie ein Einsatz aussehen
solle und welches der rechtliche Rahmen für diesen sein solle. Die
USA als ein Hauptakteur intervenierten gegen den Islamischen
Staat, unterstützten aber auch Kräfte, die sich zugleich gegen die
Regierung al-Assads stellten. Russland dagegen unterstützte die
Regierung al-Assads im Kampf gegen Aufständische (einschließlich des Islamischen Staats). Die Türkei wiederum handelte nicht
zuletzt auch mit einem starken Impuls, ein weiteres Erstarken
kurdischer Autonomiebestrebungen zu verhindern. Wollte man
beruhend auf einem weiten Verständnis in allen diesen Fällen ein
Handeln im Rahmen der Vereinten Nationen sehen, käme man
zu dem Widerspruch, dass „im Rahmen der Vereinten Nationen"
verschiedene Militäreinsätze stattfinden, in denen die Mitgliedsstaaten der Vereinten Nationen teils als Opponenten, nicht als
Alliierte, auftreten. Folgt man dieser Interpretation, so kann sich
die Bundesregierung im Hinblick auf den Syrieneinsatz nicht auf
einen Einsatz im Rahmen eines Systems gegenseitiger kollektiver
Sicherheit berufen.

4   Problematische Tendenzen von Bündniseinsätzen

In der Analyse von Militäreinsätzen der letzten zwei Jahrzehnte
zeigt sich immer wieder eine Dissonanz, teils auch ein Widerspruch zwischen einer weit verstandenen Bündnisorientierung und
Bündnissolidarität einerseits, der Völkerrechtmäßigkeit sowie den
verfassungsrechtlichen Voraussetzungen für Militäreinsätze andererseits. In diesem Sinne haben „westliche" Bündnisse mehrfach
Militäreinsätze unternommen, die klar völkerrechtswidrig waren

oder jedenfalls den akzeptierten interpretatorischen Rahmen sehr stark herausforderten (vgl. Marxsen 2016, S. 29ff.). Die Kosovointervention des Jahres 1999 verstieß eindeutig gegen das Völkerrecht, wenn sie auch von einer beachtlichen Zahl von Kommentatoren als legitim angesehen worden ist (vgl. Simma 1999, S. 1ff.). Illegal war auch die seitens der USA geführte Intervention im Irak 2003, an der sich die Bundesrepublik nicht beteiligte. Die vom Sicherheitsrat nach Kapitel VII UN-Charta mandatierte Libyenintervention hatte zwar eine völkerrechtliche Grundlage (vgl. UN-Dok. S/RES/1973 vom 17. März 2011, para. 4). Allerdings spricht vieles dafür, dass die NATO durch die militärische Unterstützung der Absetzung der Regierung al-Gaddafis über die rechtliche Basis von Resolution 1973 hinausgegangen ist, da dort nur von einem Gewalteinsatz zum Schutze der Zivilbevölkerung die Rede war (vgl. Ulfstein und Christiansen 2013, S. 169). Insofern erwies sich die deutsche Entscheidung gegen eine Beteiligung als weitsichtig. Der gegenwärtige Einsatz in Syrien findet wiederum ohne eine Autorisierung des Sicherheitsrats statt, sondern beruft sich – wie gezeigt – auf eine umstrittene Lesart des Selbstverteidigungsrechts.

Im Hintergrund dieser völkerrechtlich teils illegalen oder jedenfalls problematischen Fälle steht eine „Bündnislogik" als treibende Kraft. Die Unterstützung der Bündnispartner wird gegenüber der Einhaltung völkerrechtlicher Normen oftmals als vorrangiger Wert gesehen, wiewohl das Völkerrecht eigentlich den normativen Rahmen auch für sämtliche Maßnahmen im Rahmen von Bündnissen darstellt.

Allgemein ist eine problematische Partikularisierung in der Reaktion auf internationale Krisen zu verzeichnen. In einer Zeit wiederauflebender internationaler Polarisierung sind die Einigungs- und Konsensaussichten in den Vereinten Nationen, insbesondere im Sicherheitsrat, oft begrenzt. In der Folge wird auf Sicherheitsbedrohungen und Anschläge primär im Rahmen partikularer

Bündnisstrukturen reagiert. Dies bewirkt als Folge wiederum eine tendenzielle Schwächung der Vereinten Nationen und damit eine Schwächung derjenigen institutionellen Struktur, in der allein eine allgemeine Abstimmung erfolgen kann. Gleichzeitig perpetuiert sich diese Situation durch Maßnahmen, die außerhalb der Vereinten Nationen und außerhalb des bestehenden völkerrechtlichen Rahmens ergriffen werden. Je weniger die Staaten bereit sind, Energie in die oft als festgefahren und dysfunktional wahrgenommenen Vereinten Nationen zu investieren, umso geringer werden die Erfolgsaussichten, innerhalb dieser Strukturen dennoch Einigungen zu erzielen.

Nun könnte man freilich die Frage aufwerfen – und in der politischen Debatte wird dies oft genug getan –, ob nicht die Vereinten Nationen ohnehin ihren Kredit verspielt haben, indem sie es nicht geschafft haben, für verheerende gegenwärtige Konflikte adäquate und zielführende Lösungen zu finden. Der Konflikt in Syrien ist nur ein Beispiel für das Scheitern der Vereinten Nationen. Allerdings sollte man nicht vergessen, dass dieses Scheitern nicht primär ein Defizit der Institution selbst ist, sondern vielmehr ein Defizit der mächtigen Staaten, denen es weder gelang noch gegenwärtig gelingt, eine Einigung zu erzielen. Der „Westen" stellt sich auf den Standpunkt, dass das Scheitern allein das Resultat einer Blockadehaltung Russlands ist; und in der Tat torpediert Russland Resolutionen betreffend Syrien mit Regelmäßigkeit und verhindert, dass der Sicherheitsrat Zwangsmaßnahmen gegen Syrien ergreifen kann. Die im Hintergrund liegende Dynamik dieser Polarisierung aber sollte nicht aus den Augen verloren werden. In dieser Hinsicht war die Intervention der NATO in Libyen im Jahr 2011 folgenreich. Durch die weite Interpretation von Resolution 1973 sah Russland seine zuvor klar bekundete Auffassung, dass ein Regimewechsel durch die Intervention nicht herbeigeführt werden dürfe, übergangen. Russland sah eine willkürliche Interpretation der Resolution und hat fortan Einigungsversuche im Sicherheitsrat, die auch nur entfernt als Grundlage für einen Militäreinsatz herangezogen werden könnten, frühzeitig blockiert (vgl. Marxsen 2016, S. 33).

Darüber hinaus ist von Bedeutung, dass der Konflikt in Syrien nicht zuletzt durch völkerrechtswidrige Waffenlieferungen befeuert worden ist (zur Rechtslage vgl. Ruys 2014, S. 31ff.; Henderson 2015). So trainierten die Amerikaner seit 2013 syrische Rebellen dezidiert für den Kampf gegen die Regierung Baschar al-Assads und lieferten über das geheime *Timber Sycamore*-Programm der *Central Intelligence Agency* (CIA) Waffen in großem Ausmaß (vgl. Mazzetti und Apuzzo 2016). Die Belieferung von Rebellen verstieß nicht nur gegen das völkerrechtliche Gewaltverbot, sie hat im Ergebnis den Bürgerkrieg in Syrien angeheizt, damit zu einer Polarisierung beigetragen und nicht zuletzt auch die russische Intervention zugunsten der Regierung al-Assads auf den Plan gerufen. Die Vereinten Nationen selbst können diese Probleme nicht lösen, dies kann nur seitens der mächtigen Staaten in langwierigen Verhandlungen erfolgen. Fakt aber ist, dass jenseits der Vereinten Nationen kein Forum für Lösungen existiert und eine weitere Schwächung dieser Institution daher alles andere als wünschenswert wäre.

5   Folgerungen

Die Analyse hat gezeigt, dass Auslandseinsätze der Bundeswehr zwingend im Rahmen des Völkerrechts erfolgen müssen. Angesichts der fundamentalen Bedeutung des völkerrechtlichen Gewaltverbots ist eine sichere völkerrechtliche Grundlage essenziell, so dass im Falle rechtlicher Unsicherheiten (zum Beispiel im Hinblick auf die Reichweite des Selbstverteidigungsrechts) eine Autorisierung durch den UN-Sicherheitsrat zu fordern ist.

Über die völkerrechtliche Ebene hinaus stellt das Grundgesetz weitere Anforderungen an Militäreinsätze. Neben dem stets zu beachtenden Parlamentsvorbehalt liegt die praktisch bislang wichtigste verfassungsrechtliche Grundlage für Auslandseinsätze der Bundeswehr in Art. 24 Abs. 2 GG, auf dessen Grundlage Militäreinsätze im Rahmen eines Systems gegenseitiger kollektiver Sicherheit erfolgen können. Eine in der Praxis problematische Tendenz besteht – das haben die obigen Ausführungen gezeigt – darin, dass verfassungsrechtlich Art. 24 Abs. 2 GG als Grundlage aufgerufen wird, wiewohl ein konkreter Beschluss durch ein System gegenseitiger kollektiver Sicherheit nicht vorliegt und damit der Einsatz eben nicht, wie verfassungsrechtlich erforderlich, im Rahmen eines solchen Systems erfolgt. Zudem ist eine Tendenz erkennbar, die die Solidarität in partikularen Bündnissen in Militäreinsätze ohne sichere völkerrechtliche Grundlage münden lässt. Derartige Bündniseinsätze bergen die Gefahr, die durch die Bündniseingliederung verfassungsrechtlich verfolgten Zwecke – die Wahrung des Friedens im Rahmen des universellen Völkerrechts – aus dem Blick zu verlieren. Das Bündnisargument darf mithin nicht instrumentalisiert werden, um eine allgemeine internationale Kooperation auf völkerrechtlicher Basis zu umgehen und durch eine nur partielle Kooperation im Rahmen partikularer Bündnisstrukturen zu substituieren.

Literatur

Aust, Helmut und Mehrdad Payandeh. 2018. Praxis und Protest im Völkerrecht – Erosionserscheinungen des völkerrechtlichen Gewaltverbots und die Verantwortung der Bundesrepublik im Syrien-Konflikt. *JuristenZeitung* 73 (13): 633–643.

Classen, Claus Dieter. 2018. Art. 87a. In *Grundgesetz Kommentar, Bd. 2*, hrsg. von Hermann von Mangoldt, Friedrich Klein und Christian Starck, 197–271. 7. Aufl. München: C.H. Beck.

Corten, Olivier. 2016. The „Unwilling or Unable" Test: Has it Been, and Could it be, Accepted? *Leiden Journal of International Law* 29 (3): 777–799.

Deiseroth, Dieter. 2002. Artikel 24 GG. In *Grundgesetz Mitarbeiterkommentar, Bd. 1*, hrsg. von Dieter C. Umbach und Thomas Clemens, 1418–1560. Heidelberg: C.F. Müller.

Epping, Volker. 2016. Art. 87a. In *Beck'scher Online Kommentar Grundgesetz*, hrsg. von Volker Epping und Christian Hillgruber. München: Beck.

Fassbender, Bardo. 2013. Militärische Einsätze der Bundeswehr. In *Handbuch des Staatsrechts der Bundesrepublik Deutschland. Bd. XI*, hrsg. von Josef Isensee und Paul Kirchhof, 643–726. Heidelberg: C.F. Müller.

Forsthoff, Ernst. 1953. Wehrbeitrag und Grundgesetz – Rechtsgutachten über die Frage, ob die Verabschiedung des Gesetzes betr. den EVG-Vertrag (Art. 59 Abs. 2 GG) eine Änderung des Grundgesetzes erfordert. In *Der Kampf um den Wehrbeitrag. Bd. 2.2*, hrsg. vom Institut für Staatslehre und Politik e. V., 312–336. München: Isar Verlag.

Henderson, Christian. 2015. The Provision of Arms and „Non-lethal" Assistance to Governmental and Opposition Forces. *University of New South Wales Law Journal* 36 (2): 642–681.

Herdegen, Matthias. 2016. Art. 25. In *Grundgesetz Kommentar. Bd. IV*, hrsg. von Theodor Maunz und Günter Dürig, 77. Ergänzungslieferung. München: C.H. Beck.

Herdegen, Matthias. 2017. Art. 26. In *Grundgesetz Kommentar. Bd. IV*, hrsg. von Theodor Maunz und Günter Dürig, 81. Ergänzungslieferung. München: C.H. Beck.

Krieger, Heike. 2018. Art. 87a. In *Grundgesetz Kommentar*, hrsg. von Bruno Schmidt-Bleibtreu, Hans Hofmann und Hans-Günter Henneke, 2228–2248. 14. Aufl. Köln: Carl Heymanns Verlag.

Marxsen, Christian. 2016. International Law in Crisis – Russia's Struggle for Recognition. *German Yearbook of International Law* 58: 11–48.

Mazetti, Mark und Matt Apuzzo. 2016. U.S. Relies Heavily on Saudi Money to Support Syrian Rebels. https://www.nytimes.com/2016/01/24/world/middleeast/us-relies-heavily-on-saudi-money-to-support-syrian-rebels.html. Zugegriffen: 13. Oktober 2018.

Moser, Carolyn. 2015. Awakening Dormant Law – Or the Invocation of the European Mutual Assistance Clause After the Paris Attacks. Völkerrechtsblog vom 19. November 2015. doi: 10.17176/20170925-173939.

O'Connell, Mary Ellen, Christian Tams und Dire Tladi. 2019. *Self-Defence Against Non-State Actors*. Cambridge: Cambridge University Press (i. E.).

Payandeh, Mehrdad und Heiko Sauer. 2016. Die Beteiligung der Bundeswehr am Antiterroreinsatz in Syrien – Völker- und verfassungsrechtliche Rahmenbedingungen. *Zeitschrift für Rechtspolitik* 49 (2): 34–37.

Peters, Anne. 2018. Between Military Deployment and Democracy: Use of Force Under the German Constitution. *Journal on the Use of Force and International Law* 5 (2): 246–294.

Peters, Anne und Christian Marxsen (Hrsg.). 2017. Self-Defence against Non-State Actors: Impulses from the Max Planck Trialogues. *Zeitschrift für ausländisches öffentliches Recht und Völkerrecht* 77 (1): 1–93.

Ruys, Tom. 2014. Of Arms, Funding and „Non-lethal Assistance" – Issues Surrounding Third-State Intervention in the Syrian Civil War. *Chinese Journal of International Law* 13 (1): 13–53.

Simma, Bruno. 1999. NATO, the UN and the Use of Force: Legal Aspects. *European Journal of International Law* 10 (1): 1–22.

Ulfstein, Geir und Hege Føsund Christiansen. 2013. The Legality of the NATO Bombing in Libya. *International and Comparative Law Quarterly* 62 (1): 159–171.

Wieland, Joachim. 1991. Verfassungsrechtliche Grundlagen und Grenzen für einen Einsatz der Bundeswehr. *Deutsches Verwaltungsblatt* 106 (21): 1174–1182.

Wollenschläger, Ferdinand. 2015. Art. 24. In *Grundgesetz Kommentar. Bd. II*, hrsg. von Horst Dreier. 3. Aufl. Tübingen: Mohr Siebeck.

Bündnissolidarität und ihre friedensethischen Implikationen
Eine Synthese

Michael Haspel

Seit den weltpolitischen Veränderungen Anfang der 1990er Jahre ist zu beobachten, dass im deutschen Diskurs zur Bezeichnung für die rechtlichen und politischen Bündnisverpflichtungen zunehmend der moralisch aufgeladene Ausdruck der Bündnissolidarität Verwendung findet. Bei genauerer Betrachtung zeigt sich allerdings, dass ihm eine terminologische Paradoxie innewohnt. So ist mit seiner strategischen Verwendung nicht die Solidarität Deutschlands das Ziel, sondern die der Bündnispartner gegenüber Deutschland (1). Dem liegt ein Kalkül zugrunde, das einerseits den Bündnisschutz für Deutschland erhalten will, andererseits entsprechend der gegenwärtigen deutschen Kultur der militärischen Zurückhaltung eine deutsche Beteiligung insbesondere an Kampfhandlungen zu minimieren beabsichtigt. Das wiederum wirkt sich auf die normative Orientierung deutscher Außen- und Sicherheitspolitik aus, die sich stark an den normativen Vorgaben führender Bündnispartner orientiert. Deshalb finden etwa friedensethische Überlegungen, wenn überhaupt, oft nur nachrangig Beachtung (2). Daraus kann man schlussfolgern, dass, wenn normative Orientierungen auf der Bündnisebene stattfinden, auch

127

© Springer Fachmedien Wiesbaden GmbH, ein Teil von Springer Nature 2019
I.-J. Werkner und M. Haspel (Hrsg.), *Bündnissolidarität und ihre friedensethischen Kontroversen*, Gerechter Frieden, https://doi.org/10.1007/978-3-658-25160-4_7

die friedensethischen Diskurse auf dieser Ebene angesiedelt sein
müssten. Die Stärkung der europäischen Sicherheitskooperation
ist dann eine besondere Herausforderung, aber zugleich eine
Chance, Grundorientierungen auch evangelischer Friedensethik
transnational zur Geltung zu bringen (3).

1   Terminologische Paradoxie

Die Verwendung des Begriffs Bündnissolidarität ist im deutschen
sicherheitspolitischen Diskurs sowohl in Bezug auf den Inhalt (Semantik) als auch hinsichtlich des Gebrauchs (Pragmatik) moralisch
und politisch paradox. Wenn in politischen Argumentationen oder
gar offiziellen Dokumenten von Bündnissolidarität die Rede ist,
dann wird damit meist appellativ gefordert, Deutschland hätte die
moralische Pflicht, sich im Bündnis, sprich in der NATO, zu engagieren. Der Begriff der Bündnis*solidarität* soll diese legitimieren
beziehungsweise Zustimmung zu dieser Forderung mobilisieren.

Faktisch zeigt es sich aber, dass es gar nicht um Deutschlands
Solidarität im Bündnis geht, sondern vielmehr darum, die Bereitschaft des Bündnisses zum Beistand nicht zu verlieren. Denn
Deutschland wäre aus eigener Kraft nicht zur Landesverteidigung
fähig. Würde ein konventioneller Angriff auf das deutsche Territorium erfolgen, wäre Deutschland auf den Beistand der anderen
Mitglieder der NATO beziehungsweise EU existenziell angewiesen.

Dabei erscheint das Verhalten Deutschlands in moralischer
Hinsicht sogar unsolidarisch. Es ist nicht von der Hand zu weisen,
dass die materiellen Beiträge Deutschlands etwa zum Nordatlantik-
pakt nicht der Leistungsfähigkeit des Landes und den vereinbarten
Zielen der NATO entsprechen. Auch sind die deutschen Beiträge
zu Kampfeinsätzen (in unterschiedlichen Konstellationen) bislang
eher symbolisch (*Allied Force*, *Enduring Freedom*, Syrien). Dies soll

nicht in Abrede stellen, dass diese für die Betroffenen sowohl auf der deutschen als auch auf der jeweils gegnerischen Seite ernste und potenziell tödliche Einsätze waren beziehungsweise sind. Allerdings ist der militärische Beitrag Deutschlands jeweils nicht für den Verlauf der Interventionen entscheidend und das Risiko für die deutschen Soldatinnen und Soldaten vergleichsweise gering.

Dass Deutschland Lasten in anderen Bereichen übernimmt, wie bei Friedens- und Stabilisierungsmissionen, die häufig mit erheblichen Belastungen (zum Beispiel KFOR) und zum Teil mit erheblichen Risiken verbunden sind (ISAF; MINUSMA), kann nicht darüber hinwegtäuschen, dass Deutschland die eigentlichen Kampfaufgaben anderen überlässt. Das kann man politisch und friedensethisch unterschiedlich bewerten, aber es ist offensichtlich, dass dies keine als *solidarisch* oder um ein anderes, vielleicht präziseres Wort zu benutzen als *fair* zu bezeichnende Form der funktionalen Arbeitsteilung ist.

Grundsätzlich ist anzumerken, dass der Begriff der Solidarität in diesem Zusammenhang einen moralisch-emotionalen Überschuss produziert, welcher der Sache nicht angemessen erscheint. Solidarität bezeichnet eine letztlich frei gewählte Haltung und ein ihr entsprechendes Handeln, die aus Verbundenheit und Identifikation, aber auch aus Mitleid entstehen. Bei den hier verhandelten Sachverhalten geht es aber einerseits um Rechtspflichten, andererseits um Interessen. Die Solidaritäts-Rhetorik soll eine legitimierende und motivierende Kraft erzeugen, indem sie an eine moralische Tugend appelliert, wo es eigentlich um politische Kalküle geht.

Es gibt gute historische, friedensethische und politische Gründe für die Kultur der militärischen Zurückhaltung in Deutschland, genauso wie es gute Gründe für eine Präferenz einer in einer multilateralen Ordnung institutionalisierten Konfliktbearbeitung gibt (vgl. den Beitrag von Heiko Biehl in diesem Band). Das daraus resultierende deutsche Verhalten gegenüber seinen engsten

Verbündeten (sei es in der NATO, in der EU oder in wechselnden Koalitionen, die wesentlich von Mitgliedern dieser Bündnisse getragen werden) lässt sich aber in der Konsequenz nicht als solidarisch bezeichnen. Vielmehr ist es offensichtlich, dass die beiden leitenden Prinzipien der deutschen Außen- und Sicherheitspolitik – einerseits die Einfügung in multilaterale Strukturen, in militärischer Hinsicht also in die NATO, und andererseits die Kultur der militärischen Zurückhaltung – seit dem Ende der Systemkonfrontation des Kalten Krieges zunehmend in Spannung geraten. Zu Zeiten der perzipierten Bedrohung durch den Warschauer Pakt und der daraus resultierenden Aufgabe der NATO zur territorialen Bündnisverteidigung waren beide Prinzipien kongruent. Außer der Bündnisverteidigung, die im deutschen Falle mit hoher Wahrscheinlichkeit mit der Landesverteidigung identisch gewesen wäre, gab es (fast) keine Szenarien, in denen die NATO militärische Gewalt hätte einsetzen können und wollen (vgl. den Beitrag von Matthias Dembinski in diesem Band).

Erst mit den humanitär begründeten und von den Vereinten Nationen mandatierten Out-of-area-Einsätzen ab den 1990er Jahren gerät Deutschland unter Druck, sich an Militäroperationen zu beteiligen (Ost-Timor, Somalia etc.), nachdem es beim Krieg gegen den Irak 1991 wegen der Besetzung Kuwaits (*Operation Desert Storm*) noch gelungen war, sich durch finanzielle Beiträge freizukaufen. Mit den Kriegen in der Bundesrepublik Jugoslawien (*Allied Force*) und Afghanistan (*Enduring Freedom*) nimmt die Erwartung an Deutschland, sich auch mit Kampfeinheiten zu beteiligen, zu. Es ist auffällig, dass einerseits die Verweise auf die Pflichten gegenüber dem Bündnis als politisches Argument in dieser Zeit quantitativ zunehmen, andererseits eine semantische Verschiebung von der Bündnisverpflichtung zur Bündnissolidarität stattfindet (vgl. den Beitrag von Björn Budde in diesem Band). Dies kulminiert in der Aussage: „Bündnissolidarität ist Teil der deutschen Staatsräson" im Weißbuch des Bundesverteidigungsministeriums (2016, S. 49). In dem Konzept der Staatsräson klingt mit, dass es sich hier nicht primär um eine Werte-, sondern Interessenorientierung handelt.

Die zumindest implizite Strategie Deutschlands ist es, sich aus innenpolitischen Gründen (Kultur militärischer Zurückhaltung) so wenig wie möglich an Kampfeinsätzen zu beteiligen, aber so viel wie nötig, um den Schutz des Bündnisses nicht zu verlieren. Diese Zurückhaltung in direkten Kampfszenarien versucht man, durch logistische Unterstützung, Trainingseinsätze oder Engagement in Friedens- und Stabilisierungseinsätzen zu kompensieren, um nicht den Eindruck des *free riding* entstehen zu lassen, also den Schutz des Bündnisses auf Kosten anderer in Anspruch zu nehmen, ohne einen angemessenen Beitrag dafür zu leisten. Allerdings führt die zunehmende Einsatzerfahrung bei den beteiligten Soldatinnen und Soldaten dazu, diese Asymmetrie als ungerechtfertigt anzusehen und aus professionellem Selbstverständnis heraus eine gleichwertig(ere) Beteiligung Deutschlands einzufordern (vgl. den Beitrag von Nina Leonhard in diesem Band). Hier könnte also quasi von innen eine gegenläufige Dynamik entstehen.

Bislang scheint diese Strategie politisch aufzugehen. Deutschland war bisher nicht substanziell an einem militärischen Kampfeinsatz beteiligt und ist doch vollständig in die NATO und EU mit ihren jeweiligen Beistandsverpflichtungen, die sicherheitspolitisch für Deutschland existenziell sind, integriert. Die Multilateralismus-Falle, die von einigen als Gefahr an die Wand gemalt wurde, hat bisher nicht zugeschlagen. Die Konflikte in der NATO, die sich mit der gegenwärtigen US-Regierung verstärkt haben, sind ja vor allem auf den Beitrag Europas insgesamt ausgerichtet. Und auch hinsichtlich des deutschen Einsatzes geht es vor allem um die Höhe der Verteidigungsausgaben und den militärischen Beitrag insgesamt, weniger um die Bereitstellung von Kampftruppen für Interventionen.

Allerdings wird in dieser Perspektive deutlich, dass die im deutschen Diskurs geforderte Bündnissolidarität nicht die Solidarität Deutschlands mit seinen Verbündeten meint, sondern eine politische Semantik darstellt, um die Minimalbeteiligung Deutschlands an Einsätzen mit Verbündeten zu legitimieren und dafür politische Unterstützung zu mobilisieren. Dabei geht es gerade darum, nicht aus der wechselseitigen Beistandspflicht der Bündnisse herauszufallen, also – wenn man so sagen will – die Solidarität der Bündnispartner, die ja wiederum eine vertragliche Pflicht ist, nicht zu verspielen beziehungsweise immer wieder zu plausibilisieren. In semantischer Hinsicht ist also die Verwendung des Begriffs der Bündnissolidarität im deutschen Diskurs paradox. Der Appell an die eigene Solidarität zielt auf die Stabilisierung der Solidarität der anderen, ohne einen wirklich solidarischen Beitrag dafür zu leisten. In ethischer Perspektive ist dies insofern problematisch, weil hier der Eindruck erweckt wird, es handele sich um durch moralische Normen begründete Handlungserwartungen, wobei es darum geht, im Gewande der Moralität politische Vorteile zu erwirken.

2   Friedensethische Probleme deutscher „Bündnissolidarität"

Wenn nun die unausgesprochene Logik des „So wenig wie möglich – so viel wie nötig" die handlungsleitende Norm deutscher Friedens- und Sicherheitspolitik ist, dann treten normative Kriterien zwangsläufig in den Hintergrund. Das heißt nicht, dass sie völlig irrelevant werden, da allein schon die Verpflichtung auf das Völkerrecht und das Grundgesetz für die deutsche Politik grundlegend ist. Aber die politische Bündnislogik überlagert dann zum Beispiel völkerrechtliche Zweifel (vgl. den Beitrag von Christian

Marxsen in diesem Band) und auch ethische Kriterien (etwa der rechtserhaltenden Gewalt).

In der Evaluation des Afghanistaneinsatzes der Bundeswehr wurde das Konzept der Bündnissolidarität von der Kammer für Öffentliche Verantwortung der EKD als Problem markiert (EKD 2013, Ziff 10). In den „Ergebnissen und Empfehlungen" des Projektes „...dem Frieden der Welt zu dienen" der Evangelischen Akademien in Deutschland wurde dies aufgenommen und friedensethisch zugespitzt:

> „Ungeklärt ist dabei, ob die starke Bedeutung der Bündnisverpflich-
> tung dazu führt, dass ein kohärentes außen- und sicherheitspoliti-
> sches Konzept gar nicht erwünscht scheint, weil es gegebenenfalls
> situative Handlungsmöglichkeiten einschränken könnte. [...]
> Denkbar ist auch, dass das Fehlen eines eigenen friedens- und
> sicherheitspolitischen Konzepts dazu führt, sich politisch stark
> auf die Erwartungen der Bündnispartner und die innenpolitischen
> Stimmungen zu beziehen. Unabhängig davon, welches der beiden
> Erklärungsangebote man bevorzugt, ist zu vermuten, dass sich
> dies – trotz der Rhetorik von „mehr Verantwortung" – in abseh-
> barer Zeit nicht ändern wird. Die Ansprüche nach konzeptioneller
> Klarheit werden also mit diesen Rahmenbedingungen zu rechnen
> haben." (EAD 2015, S. 7)

In dieser Perspektive sind also zwei Deutungen möglich. Erstens könne das Konzept der Bündnissolidarität dazu führen, dass keine eigenen bindenden politischen und ethischen Kriterien für den Einsatz von Militär und insbesondere militärischer Kriegsgewalt formuliert werden, wie sie etwa in der Kriteriologic der Tradition des gerechten Krieges vorliegen und in der Ethik der rechtser-haltenden Gewalt Eingang gefunden haben. Denn nur ohne eine solche normative Selbstbindung ist die nötige Flexibilität möglich, um einerseits in einem Bündnis zu kooperieren und andererseits dies mit einem möglichst minimalen Einsatz – insbesondere bei

Kampfeinsätzen – zu tun. Diese Interpretation scheint in der gegenwärtigen Lage das plausibelste Modell. Denkbar wäre allerdings auch die zweite beschriebene Option, dass das Konzept der Bündnissolidarität und die fehlende eigene normative Orientierung die Folge dessen sind, kein eigenes Konzept entwickelt zu haben.

Das Ergebnis ist in beiden Varianten dasselbe: Die Orientierung an den faktischen und normativen Vorgaben von Seiten des Bündnisses oder einzelner gewichtiger Bündnispartner führt dazu, dass weder eine außen- und sicherheitspolitische Gesamtkonzeption entwickelt wird noch normative Kriterien expliziert werden, an denen die Legitimität des Einsatzes militärischer Gewalt in einem öffentlichen politischen Diskurs thematisiert und entschieden werden kann.

Das heißt aber in der Konsequenz, dass die Versuche insbesondere der römisch-katholischen und evangelischen Kirche in Deutschland, friedensethische Kriterien für die Einsätze der Bundeswehr zu formulieren, systemisch unwirksam bleiben mussten, weil es nicht im Interesse der deutschen Politik lag, einen solchen Diskurs zu führen, der verbindliche Kriterien hätte konstituieren können. Daran schließt sich die Frage an, ob denn überhaupt noch auf der nationalen Ebene normative Orientierungen wirksam werden können, wenn militärisches Handeln Deutschlands ausschließlich in Bündnissen stattfindet.

3   Multilaterale Friedensethik

Dieses Arrangement der Bündnissolidarität könnte nun allerdings grundlegend unter Druck geraten. Schon länger gibt es von Deutschland und Frankreich Bestrebungen, die europäische militärische Kooperation zu stärken. Dies wurde bis vor kurzem einerseits von den USA zu verhindern versucht, um die NATO nicht zu schwächen, andererseits vom Vereinigten Königreich, das aus europakritischer Motivation nicht daran interessiert war, europäische Strukturen zu stärken. Durch die Distanzierung von multilateralen Strukturen durch die gegenwärtige US-Administration und das Brexit-Votum ist für die europäischen Akteure eine Konstellation entstanden, die eine stärkere europäische Kooperation begünstigt und es erlaubt, diese zugleich als Stärkung der europäischen Verteidigungsbemühungen gegenüber den britischen und US-amerikanischen NATO-Partnern zu deklarieren.

So zeichnet sich gegenwärtig die Möglichkeit eines stärkeren europäischen Verteidigungsbündnisses ab. Dieses kann in Hinsicht auf die Entwicklung der Militärtechnologie, der Rüstungsproduktion, der Kostensynergien (*pooling and sharing*) und einer größeren Eigenständigkeit gegenüber den USA in sicherheitspolitischer Perspektive auch als durchaus sinnvoll angesehen werden. Vermutlich müsste Deutschland dazu aber einen substanziellen Beitrag leisten. Die Grundlagen, Strategie und Taktik dieses potenziellen Bündnisses würden dann wesentlich über die normativen Fragen von Krieg und Frieden auch für Deutschland entscheiden. Werden zivile, gewaltfreie Mittel in einer Strategie berücksichtigt oder gar gestärkt? Wer wird die zentrale Rolle in diesem Bündnis übernehmen? Diese Aspekte würden auch Art und Reichweite von Einsätzen, etwa in Afrika, beeinflussen. Hier könnte dann tatsächlich die Multilateralismus-Falle relevant werden, da zum Beispiel Frankreich als ehemalige Kolonialmacht eine weitaus offensivere, auch militärisch gestützte Afrikapolitik betreibt als etwa Deutschland. Schon für die Intervention in Mali dürften nicht nur humanitäre Gründe eine Rolle gespielt haben. Die wichtigste Bezugsquelle der 58 französischen Atomreaktoren für Uran liegt im Norden Nigers, nahe zur Grenze Malis. Deutsche Soldatinnen und Soldaten in Mali sichern also schon jetzt – zumindest indirekt – die Uran-Versorgung der französischen Atomwirtschaft. Werte

und Interessen müssen nicht immer im Gegensatz zueinander stehen. So kann der Mali-Einsatz der Bundeswehr auch einem guten
Zweck dienen, selbst wenn die Motivation durch wirtschaftliche
Interessen mitbestimmt ist. Das Beispiel soll allerdings deutlich
machen, dass auch Deutschland gefordert ist, im Rahmen eines
gestärkten europäischen Bündnisses normative Fragen aktiv mit-
zuentscheiden.

Es stellt sich in einem solchen Szenario also die dringliche Frage,
in welchen Fällen und nach welchen Kriterien welche Mittel eingesetzt werden sollen. Wenn man nicht grundsätzlich ablehnt, dass die
europäischen Staaten in einem wie auch immer gearteten Bündnis
sich militärisch verteidigen können sollten, und Deutschland aus
Eigeninteresse, aber auch in Solidarität beispielsweise mit den östli-
chen NATO-Staaten, sich daran beteiligen sollte, dann liegt hierin
eine wichtige friedensethische Herausforderung! Diese lässt sich
allerdings nicht mehr nationalstaatlich bewältigen. Werden aber
die normativen Fragen auf der Ebene eines Bündnisses entschieden,
dann müsste auch der normative Diskurs über Ziele, Strategien und
Kriterien etc. auf der Ebene der am Bündnis beteiligten Gesellschaften geführt werden – oder im Sinne des Verallgemeinerungs- und
Diskursprinzips der Habermas'schen Diskursethik sogar im Forum
aller potentiell davon Betroffenen (vgl. Haspel 2011).

Daraus folgt, dass ein friedensethischer Diskurs, wenn er prak-
tische Orientierung entfalten können soll, transnational angelegt
sein muss. Im Umkehrschluss könnte man dann zugespitzt formulieren: Ein innerprotestantischer deutscher Diskurs dient mehr
der inneren Verständigung als der gesellschaftlichen Orientierung.
Die friedensethischen Diskurse und Positionsbeschreibungen
spätestens seit der Wiedervereinigung hatten zumindest auch
– empirisch betrachtet vielleicht sogar primär – die Funktion,
unterschiedliche Positionen und Milieus des Protestantismus
zusammenzuhalten. In der Konsequenz war die normative gesell-

schaftliche Orientierungskraft dieser Selbstverständigung auch eher begrenzt. Möglicherweise hat sie sogar dazu beigetragen, außen- und sicherheitspolitische Entscheidungen primär an innenpolitischen Stimmungen und Opportunitäten auszurichten.

Ein transnationaler friedensethischer Diskurs macht nationale Verständigungen nicht überflüssig. Allerdings werden nationale normative Orientierungen militärisch weniger zentraler Verbündeter in der Praxis am harten Gehäuse von Bündnisdynamiken zerrieben. Deshalb ist die friedensethische Konsequenz aus der sicherheitspolitischen Kultur Deutschlands und der Notwendigkeit, in militärischen Bündnissen zu kooperieren, eine transnationale Friedensethik zu entwickeln. Das wird nicht einfach sein. Aber nur so besteht die Chance, dass ethische Kriterien auch in politischen Entscheidungen und politischem Handeln wirksam werden können.

Formal ergeben sich aus den bisherigen Überlegungen zwei Arten von Foren: Zum einen müsste der friedensethische Diskurs auf der Ebene des jeweiligen Bündnisses geführt werden, also zum Beispiel der NATO oder gegenwärtiger beziehungsweise zukünftiger europäischer Strukturen. Zum anderen sollten in die ethischen Überlegungen auch die potenziell betroffenen Staaten und Gesellschaften in (Nord-)Afrika, dem Nahen Osten und (Mittel-)Osteuropa zumindest konsultativ einbezogen werden. In pragmatischer Hinsicht könnte dies mit einem Konsultationsprozess in einem europäischen Forum beginnen. Die Kirche(n) könnten einen zivilgesellschaftlichen Diskurs initiieren, dafür ein Forum bieten und selbst gestaltender Faktor werden. Dies müsste in einer europäischen Gestalt realisiert werden, die nicht auf die Kirchen beschränkt bliebe, sondern die jeweiligen Fachleute und zivilgesellschaftlichen Kräfte miteinbeziehet (vgl. Haspel 2018).

Das Schlagwort der Bündnissolidarität ist also in friedensethischer Hinsicht zunächst kritisch zu sehen, denn es verschleiert moralisch ein knallhartes politisches Interesse. Dies gilt auch dann, wenn dieses Interesse des Schutzes durch ein Militärbündnis in Übereinstimmung mit entsprechenden Werten und einer Kultur der militärischen Zurückhaltung und Multilateralität steht. Die Betonung der Bündnissolidarität im deutschen außen- und sicherheitspolitischen Diskurs verweist zugleich auf die Notwendigkeit, friedensethische Diskurse transnational zu gestalten. Nur so können normative Gehalte einer Friedensethik, die auf die Überwindung von Gewalt und den Vorrang der Gewaltfreiheit zielt, den Aufbau einer friedensfähigen gerechten globalen Ordnung befördert und den Einsatz militärischer Gewalt an strenge Kriterien bindet, politisch wirksam werden.

Literatur

Bundesministerium der Verteidigung (BMVg). 2016. *Weißbuch 2016. Zur Sicherheitspolitik und zur Zukunft der Bundeswehr*. Berlin: BMVg.

Evangelische Akademien in Deutschland (EAD). 2015. „…dem Frieden der Welt zu dienen". Ein Diskursprojekt der Evangelischen Akademien in Deutschland. Ergebnisse und Empfehlungen. https://www. evangelische-akademien.de/wp-content/uploads/2016/11/afghanistan-broschuereeinzelseiten13-04-15.pdf. Zugegriffen: 7. Dezember 2018.

Evangelische Kirche in Deutschland (EKD). 2013. *„Selig sind die Friedfertigen". Der Einsatz in Afghanistan: Aufgaben evangelischer Friedensethik. Eine Stellungnahme der Kammer für Öffentliche Verantwortung der EKD*. Hannover: Kirchenamt der EKD.

Haspel, Michael. 2011. *Sozialethik in der globalen Gesellschaft. Grundlagen und Orientierung in protestantischer Perspektive*. Stuttgart: Kohlhammer.

Haspel, Michael. 2018. Friedensethische Impulse. EKD-Friedenskonsultation vom 12. September 2018 in Wittenberg. https://www.ekd.de/ ekd_de/ds_doc/Haspel_EKD-Wittenberg-FE-Impuls-2018-09-18.pdf. Zugegriffen: 7. Dezember 2018.

Autorinnen und Autoren

Heiko Biehl, Dr. phil., Leitender Wissenschaftlicher Direktor am Forschungsbereich Militärsoziologie des Zentrums für Militärgeschichte und Sozialwissenschaften der Bundeswehr in Potsdam

Björn Budde, Politikwissenschaftler und Senior Consultant bei der Deloitte GmbH in München

Matthias Dembinski, Dr. phil., Wissenschaftlicher Mitarbeiter an der Hessischen Stiftung Friedens- und Konfliktforschung in Frankfurt a. M.

Michael Haspel, Dr. theol. habil., außerplanmäßiger Professor, lehrt Systematische Theologie am Martin-Luther-Institut an der Universität Erfurt

Nina Leonhard, Dr. phil. habil., Projektleiterin am Forschungsbereich Militärsoziologie des Zentrums für Militärgeschichte und Sozialwissenschaften der Bundeswehr in Potsdam und Pri-

© Springer Fachmedien Wiesbaden GmbH, ein Teil von Springer Nature 2019
I.-J. Werkner und M. Haspel (Hrsg.), *Bündnissolidarität und ihre friedensethischen Kontroversen*, Gerechter Frieden, https://doi.org/10.1007/978-3-658-25160-4

vatdozentin am Institut für Soziologie an der Westfälischen Wilhelms-Universität Münster

Christian Marxsen, Dr. iur., Forschungsgruppenleiter am Max-Planck-Institut für ausländisches öffentliches Recht und Völkerrecht in Heidelberg

Ines-Jacqueline Werkner, Dr. rer. pol. habil., Friedens- und Konfliktforscherin an der Forschungsstätte der Evangelischen Studiengemeinschaft e. V. in Heidelberg und Privatdozentin am Institut für Politikwissenschaft an der Goethe-Universität Frankfurt a. M.

Printed in the United States
By Bookmasters